아바나 연대기

아바나 연대기

도시와 건축, 그리고 환경의 역사

장수환 지음

한국외국어대학교 부엔비비르 총서 01

알렙

머리말

아바나, 도시와 건축 그리고 환경의 역사에 관해

이 책은 카리브해의 쿠바에서 수백 년 동안 일어난 도시와 환경의 역사를 수도인 아바나를 중심으로 이야기하고 있다.

이야기의 중심은 역사중심지구를 포함하는 현재의 구 아바나(Habana Vieja, Old Havana) 지역이다. 구 아바나는 현재 15개의 아바나 시 구역 중 하나이지만, 이 책에서 주로 다루는 구 아바나 지역은 현재의 행정구역상의 구 아바나보다는 좁은 아바나 도시 방벽 안의 구도심 지역에 중점을 두고 있다. 이곳은 식민 시기 통치행정과 경제의 중심지였다. 물론 1700년대에 이미 도시 방벽을 넘어 남서부 지역과 서쪽의 센뜨로 지역으로 도시 지역이 확장되었다. 따라서 18세기에 확장된 지금의 센뜨로 아바나와 아바나 남서쪽으로 확장해 간 몇몇 깔사다(Calzada)에 관한 내용 일부도 포함했다.

아바나의 물리적 형성과 관련된 쿠바 섬의 역사를 시간상으로, 또는 주요 사건을 중심으로 전개했다. 시간상으로는 1519년 이후인 스페인 식민지 시기부터 1898년 쿠바 독립을 거쳐 20세기 전반의 주요 역사적 사건을 중심으로 다루었다. 구 아바나의 역사는 스페인이 지금의 아바나에 자리를 잡은 1519년으로 거슬러 올라가는데, 물론 그 이전에도 쿠바 섬에 원주민이 살고 있었으나 이들에 대한 기록은 거의 남아 있지 않다. 스페인 정복자들이 쿠바 섬을 점령한 후 정주지를 조성하고 거리를 만들고 격자 모양의 구획으로 계획된 도시를 아메리카 곳곳에 만들어 갔다. 이 모습은 아바나에도 도시의 화석처럼 남아 있다.

18세기 후반 당시 세계적 설탕 생산지였던 아이티에서의 혁명을 계기로 그 지역의 설탕 산업은 쿠바 섬으로 급속히 이전되었고 얼마 지나지 않아 이 섬은 설탕의 주요 공급처로 부상했다. 설탕은 쿠바 섬으로 흑인 노동력을 끌어 왔으며, 19세기 후반 노예무역이 금지되자 아시아로부터 이민자를 흡수했는데 이는 쿠바의 독특한 인종과 문화를 형성하는 계기가 되었다. 또한, 쿠바에서의 대규모 설탕 농업과 사업은 이 섬의 자연경관을 변화시켰다. 1800년대 후반과 1900년대 초반을 거치면서 쿠바 섬에 자생하던 나무의 종류와 그 분포 지역은 급격히 줄어들었고, 소규모 농장은 기업식 대규모 플랜테이션에 흡수되었다.

설탕으로 이뤄낸 경제적 부는 아바나의 웅장한 건축물을 짓는 데 흡수되었다. 구 아바나에 들어서 있는 건물들은 르네상스, 바로크, 신고전주의, 아르데코, 절충주의적 양식 등 다양한 시기의 여러 건축 양식으로 지어졌다. 이 책에서는 특징적인 몇몇 건축물에 대한 역사도 포함하고 있는데, 여기서 이야기하고 있는 것은 아바나의 많은 고유한 건축물 중 일부라는 점을 밝혀둔다. 또한, 아바나의 도시 역사에 대한 단편과 이 도시를 부양했던 쿠바 환경사의 일부를 담고 있으면서 호기롭게 '아바나 연대기'라는 제목을 단 것에 대해 독자에게 미리 양해를 구한다.

한국외국어대학교 중남미연구소의 인문한국 플러스 사업단은 인문학, 사회과학, 자연과학이 융합해 라틴아메리카의 생태문명을 연구하고 있다.

본 사업의 일환으로 부엔 비비르(Buen Vivir) 총서 시리즈를 발간하게 되었다. 부엔 비비르는 안데스 원주민이 추구하는 삶을 표현하는 단어로 그 핵심 내용은 공동체에서의 조화와 공존이다. 께추아 어로 수막 까우사이(Su-mak Kawsay)라고도 하는데, 수막(Sumak)은 '충만한' '풍요로운'을, 까우사이(Kawsay)는 '삶' '존재'를 뜻한다. 공동체를 이루고 있는 구성원인 인간과, 인간을 둘러싸고 있는 자연이 조화를 이루며 공존하는 부엔 비비르의 의미를 되새기며 본 시리즈의 첫 책으로 쿠바 아바나의 도시 역사와 환경사를 다루었다. 이 책이 발간되기까지 쿠바에 대한 열정으로 한 문장 한 문장을 검토해 주시고 지식을 보태주신 한국외국어대학교 중남미연구소장이신 신정환 교수님께 감사드리며, 아울러 스페인어를 잘하는 독자로서 꼼꼼히 읽어주고 의견을 준 박사과정 이번홍 조교에게 감사드린다.

2023년 1월

장수환

목차

일러두기

• 부엔 비비르(Buen Vivir) 총서는 한국외국어대학교 중남미연구소 인문한국플러스사업단이 발간하는 총서로, 본 연구소는 생태문명총서도 발간하고 있다. "부엔 비비르"는 스페인어로 "좋은 삶", "충만한 삶"을 의미한다.

• 이 책의 외래어 및 외국어 표기는 국립국어원의 표기 지침을 따르되 표기 지침과 실제 발음이 다소 차이가 있거나 널리 쓰이는 단어일 경우에는 예외를 두어 실제 발음에 가깝게 표기했다.

1장
1519-1930년의 아바나

도시의 물리적 구조와 변화의 양상으로 아바나의 식민 시기와 20세기 전반의 30년(1519-1930)을 시기별로 구분한다면, 다섯 가지로 나눌 수 있다.

첫 번째 시기는 '입지 및 계획 초기(1500년대)'이다. 1519년 지금의 아바나 만에 도시가 자리를 잡고, 까스띠요 레알 푸에르사 요새(Castillo de la Real Fuerza, 1558-1577)가 들어선다. 아바나의 첫 수도관 사업(Zanja Real, 1565-1592)도 이 시기에 있었다. 스페인은 식민 도시 건설을 위한 인디아스 법(Leyes de Indias, 1573)을 만들었으나, 이 법이 쿠바 섬에 도착하기 전인 1574년 당시 아바나 총독이었던 까세레스(Alonso de Cáceres)는 도시 규정(Ordenanzas de Cáceres, 1574)을 만들었다. 화재에 취약한 초가지붕을 금지하는 조례(1576)도 이 시기에 만들어졌다.

두 번째 시기는 '물리적 형성기(1600-1700년대 중반)'이다. 끄리스또발 데 로다(Cristóbal de Roda)는 당시 아바나를 벽으로 봉쇄하는 첫 도시계획 윤곽을 작성했는데(1603), 이는 이후 실제 도시 방벽(Muralla de la Habana, 1674-1797)의 초안이 되었다. 통행로가 정비되기 시작한 것도 이 시기였다. 구 아바나 (Habana Vieja, Old Havana)는 촘촘한 격자망을 갖추고 좁은 까예(Calle)로 연결되었는데, 이는 다습한 카리브해 지역의 기후보다는 스페인 남부의 건조한 기후를 고려한 것으로 보인다. 스페인은 쿠바 섬을 총독령(Capitanía General de Cuba)으로 정비하고 아바나에 총독(1607)을 보냈다. 아바나가 교역 도시로 성장하면서 첫 담배 공장인 레알 팍또리아 데 따바꼬스(Real Fatoría de Tabacos, 1717)가 이곳에 세워졌으며, 1740년에서 1762년까지 쿠바의 통상을 독점하던 레알 꼼빠니아 데 꼬메르시오 데 라 아바나(Real Compañia de Comercio de La Habana, 1740)가 들어섰다.

세 번째 시기는 '공공 공간과 도시 성장의 시기(1700년대 후반-1820년대)'이다. 광장을 중심으로 한 공공 공간은 이전에도 등장했으나, 좁은 가로 체계에서 상대적으로 넓은 도로 체계의 등장은 이 시기의 특징이다. 자주 침수되던 지역을 정비하여 아바나 만에 알라메다 데 빠울라(Alameda de Paula, 1771-1776)를 만들고 도시 방벽 바깥쪽으로는 알라메다 이사벨 2세 대로 (Alameda Isabel II, 1772)를 만들었다. 그 이후 수석 엔지니어였던 안또니오 마리아 데 라 또레(Antonio María de la Torre)는 아바나 도시 확장 계획인 쁠란 데 엔산체(Plan de Ensanche, 1817-1819)를 구상하는데 이는 당시 아바나의 도시 성장이 얼마나 대단했는지를 잘 보여준다.

네 번째 시기는 설탕 자본으로 축적된 부가 도시에 반영되었던 시기였다. '본격적인 공공사업과 도시 확장의 시기(1830-1898)'라고 할 수 있다. 당시 총독이던 미겔 데 따꼰(Miguel de Tacón, 1834-1838)이 실시한 공공사업에 따라 아바나는 본격적으로 확대된다. 말레꼰(Malecón)에서부터 내륙인 센뜨로 아바나(Centro Habana) 지역으로 더욱 확장되었다. 당시 만들어진 주요 도로인 산하(Zanja)와 아베니다 살바도르 아옌데(Avenida Salvador Allende)를 통해 도시가 어떻게 확대되어 나갔는지 볼 수 있다. 이러한 대규모 공공사업은 당시 설탕 산업에서 나온 재정이 뒷받침되었기에 가능했다.

이 시기 아바나의 도시 경관은 넓게 쫙 뻗은 거리, 분수와 조각들로 장식된 보행로 등을 갖춘다. 거리를 넓히고 도로를 다시 깔고, 새로운 시장, 극장, 그리고 심지어 새 교도소까지 지었다. 또한 '금지된 구역'을 의미하던 베다도(Vedado)에 대한 접근 제한이 없어지면서 도시는 더욱 커졌다(1858). 이 지역은 구 아바나에 비해 자연 지역이 넓었고 이용할 수 있는 토지자원이 풍부했기 때문에 아바나의 기후에 좀 더 적응하여 격자 내 건물과 도로를 배치할 수 있었다.

다섯 번째 시기는 20세기 초 약 30년 동안으로, 아바나에서 건축 붐이 일었던 시기였다. 당시 유럽에서 유명한 도시계획가와 건축가들이 아바나로 들어와서 새로운 도시계획을 세우고, 곳곳에 상징적인 건물을 세웠다. 이 시기 쿠바는 세계의 설탕 공급처로 경제적 부를 누리고 있었고 그러한 부는 부호들에게 들어가 외국의 영향을 받은 저택들이 지어지기 시작했다. 아바나에서 아르데코 양식의 건축물은 1927년경 미라마르(Miramar) 거주 구역에서부터 시작되었다. 베다도 구역에 위치한 나시오날 데 쿠바 호텔(Hotel Nacional de Cuba, 1930)에 이은 에디피시오 바까르디(Edificio Bacardi, 1930)는 아바나에서 아르데코 건축물의 대표적인 사례이다. 1925년 프랑스 출신의 유명한 도시계획가 장 클로드 니콜라 포르스티에(JeanClaude Nicolas Forestier)는 아바나에 와서 5년여 동안 여러 건축가와 경관 계획가와 함께 고전적으로 지어진 아바나의 건축 양식과 열대지방의 경관 사이에 조화를 이루고자 노력했다. 그들은 아바나 시의 도로망을 연결하는 동시에 주요 기념비적인 상징물들을 배치했다. 1928년에는 쁘라도 거리에 청동으로 만들어진 여덟 개의 사자상, 대리석 벤치와 가로등을 세우는 등 도심을 재정비했다. 20세기 초 불과 수십 년 동안 아바나 역사상 어느 때보다도 급속히 도시는 확장했고 도시 공간은 획기적인 변화를 겪었다. 포르스티에가 계획했던 도시 미화 및 확장 계획(Plan de Embellecimiento y Ensanche)에서 지금의 도시 방벽 바깥쪽의 이미지가 만들어졌다. 비록 그의 계획은 1929년 세계 대공황에 의해 축소되었지만, 빠세오 델 쁘라도(Paseo del Prado), 빠르께 센뜨랄(Parque Central), 아베니다 델 뿌에르또(Avenida del Puerto)와 까삐똘리오 나시오날(Capitolio Nacional)과 같은 공공의 공간과 기념비적인 건물로 남아 있다.

2장
구 아바나의 도시계획과 초기 건축

아메리카에 도착한 유럽 항해자

1400년대 말에서 1500년대 초, 유럽에서는 상업과 무역이 중요해지면서 뱃사람들은 항해와 관련된 과학적 · 지리적 정보에 접근할 수 있는 특권을 가졌다. 1400년대 중반 오스만튀르크제국(1299-1922)이 비잔틴 제국을 무너뜨리고 지중해를 장악하자 유럽과 아시아의 교역이 어려워졌다. 유럽인들은 인도, 중국, 동남아 나라들과 향신료, 보석, 비단과 자기류 등을 거래해 왔었다. 이슬람 세력이 아시아 지역으로 접근하는 교역로를 점령하면서, 당시 유럽의 통치자들은 인도와 중국의 희귀품을 쉽게 조달할 항로를 개척하는 데 관심을 가졌다.

특히 당시 선박 건조 기술과 항해술이 발달해 있던 포르투갈과 스페인은 적극적으로 항로를 개척하기 시작했다. 1400년대 말 포르투갈은 아프리카 대륙을 돌아 인도로 가는 항로를 개척했다. 바스꼬 다 가마(Vasco da Gama)는 유럽에서 아프리카 남해안을 거쳐 인도까지 항해한 최초의 인물로 전해진다. 스페인 까스띠야 왕조(Reino de Castilla)는 이베리아 반도의 남부에 남아 있던 이슬람 세력을 축출하고 영토를 회복하기 위한 긴 여정(Reconquista, 718-1492)으로 인해, 포르투갈보다 늦게 항로 개척에 뛰어들었다. 그리고 포르투갈이 이미 선점한 아프리카를 돌아서 인도로 도착하는 경로 대신에 서쪽으로 항해하여 인도에 닿기로 했다.

오스만튀르크제국의 팽창은 결국 1400년대 말부터 1500년대 초에 걸친 '지리상의 발견'의 도화선이 되었다. 여기서 아메리카 대륙의 '발견'이라 부르는 외부적 시각에 대한 논쟁은 접어둔다. 내부적 시각으로 보면 그들은 이미 원주민들이 살고 있던 땅에 '도착'한 것이다. 그들이 도착 후 벌였던 아메리카 대륙의 수탈에 관해서는 많은 연구들이 축적돼 있다.

끄리스또발 꼴론(Cristóbal Colón, 이후 콜럼버스)은 스페인 왕실의 지원을 받아 인도로 가는 항로를 개척해 인도로부터 물품 운송에 드는 값비싼 비용을 줄일 수 있다고 생각했다. 물론 그가 결국 도착한 곳은 아시아의 인도가 아닌, 당시 지도에 없던 지금의 아메리카였다. 어쩌면 콜럼버스는 유럽의 서쪽 바다를 건너면 대륙이 있다는 뱃사람들의 이야기를 당시 구전을 통해 전해 들었을지도 모른다. 이미 10-11세기에도 북유럽 바이킹이 지금의 북아메리카 동북 지역을 점령하여 식민지를 건설했었다는 풍문이 있었던 것으로 유추해 보건대, 그 전설은 1400년대 말 뱃사람들에게도 알려졌을 것이다.

1492년 까스띠야 왕조의 이사벨 1세(Isabel I)는 이슬람 세력을 피해 인도와의 새로운 무역로를 개척하기 위해 콜럼버스의 서인도 탐험을 후원했다. 서인도(West Indies)라고 이름붙인 이유는 당시 인도로 가는 서쪽 항로를 개척하려 했고 항해로 도착한 곳이 인도라고 생각했기 때문이다. 이사벨 1세는 자금을 제공했고, 현재 스페인의 남부, 안달루시아 지역에 있는 우엘바(Huelva) 주의 주도인 우엘바 시 인근 빨로스 데 라 프론떼라(Puerto de Palos de la Frontera) 항구에서 콜럼버스에게 선박 2척을 내주었다. 또한, 그 당시 빨로스(Palos) 항에 살던 알론소 삔손(Alonzo Pinzon)이라는 부유한 선장이 소유한 산따 마리아(Santa María) 호도 콜럼버스의 첫 항해에 함께 떠났다.

콜럼버스는 1491년에서 1492년 사이, 빨로스 데 라 프론떼라 항구에 있는 라비다(Rábida) 수도원에 머무르면서 페르난도 2세(Fernando II)와 이사벨 여왕으로부터의 경제적 지원을 기다렸다. 라비다 수도원은 1412년에 이슬람 세력이 장악하고 있던 지역에 아름다운 회랑(cloister)을 포함한 무데하르 건축 양식으로 지어졌다. 빨로스는 유서 깊은 대서양 항구로서 전략적 위치에 있다. 이는 아프리카 해안으로의 탐험이 시작된 곳이기도 하며, 이곳에서 선단을 구성하여 출항했다.

콜럼버스의 아메리카 첫 출항 때 출발했던 삔따(Pinta) 호와 니냐(Niña)

[그림 2-1] 우엘바 시의 광장에 있는 콜럼버스의 동상. 오른손으로 대서양을 가리키고 있다.

[그림 2-2] 스페인 빨로스 데 라 프론떼라에 있는 '발견자들의 길'(아래)과 아메리카 대륙 발견 500주년 기념으로 만들어졌다는 설명이 있는 비석(위).

[그림 2-3] 콜럼버스가 잠시 머물던 라비다 수도원.

[그림 2-4] 뿐따 세보에 있는 발견기념비.

호의 선장은 이곳 출신의 선원이자 탐험가인 마르띤 알론소(Martin Alonso)와 비쎈떼 야네스(Vicente Yánez)였다.

우엘바 시의 오디엘(Odiel)과 띤또(Tinto) 강이 합류되는 지점인 뿐따 세보(Punta Sebo)에는 발견기념비(Monumento a la Fe Descubridora)가 서 있다. 사람들은 이를 종종 콜럼버스의 동상으로 오해하지만, 신세계에 대한 열망과 확신을 갖고 항해를 준비했고 이 지역에서 스페인 군주로부터 재정 지원을 기다렸던 항해자들을 표현한 것이라고도 전해진다.

콜럼버스는 1492년 8월 3일 빨로스 데 라 프론떼라 항구에서 출발해 아프리카 북서부의 대서양에 있는 까나리아 제도(Canarias)로 1차 항해를 시작했다. 9월 16일 배는 북위 20-40도, 서경 30-80도의 해역에 위치하는 사르가소 해(Sargasso Sea)에 다다랐으며, 1492년 10월 12일 구대륙과 신대륙 사이에 위치한 지금의 바하마(Bahamas) 제도에 있는 과나하니(Guanahaní)까지 갔다. 10월 28일에는 쿠바 섬에, 12월 5일에는 지금의 아이티 북동부 해안 도시인 카프 아이시앵(Cap-Haïtien)에 도착했다. 이곳은 '작은 스페인'이라는 의미인 '라 에스빠뇰라(La Española)'라는 이름이 붙여졌다. 지금은 '라 에스빠뇰라'보다는 라틴어와 프랑스어인 '히스빠니올라(Hispaniola)'로 더 알려져 있다.

콜럼버스 도착 이전 아이티 섬에서는 타이노(Taíno) 부족이 거주했고 그들이 사용한 아이티란 명칭의 뜻은 '높은 땅', '산이 많은 땅'이었다.[1] 1차 항해에서 히스빠니올라 섬에 40여 명을 남겼고, 그 이듬해인 1493년 3월, 콜럼버스는 스페인으로 돌아와 '산타페협약'에 명시된 대로 '신세계'의 부왕으로 임명되었다. 그러나 콜럼버스는 3차 항해(1498-1500) 이후 히스빠니올라 섬에서 일어난 폭동에 대한 책임으로 행정적 무능이 문제가 되어 스

---

1) https://gsp.yale.edu/case-studies/colonial-genocides-project/hispaniola

[그림 2-5] 콜럼버스의 아메리카 첫 항해의 배를 복제한 모습.
❶ 니냐(Niña) 호.
❷ 산따 마리아(Santa María) 호.
❸ 까라벨라 삔따(Carabela Pinta) 호.
이 배들은 1992년 아메리카 대륙 발견 500주년 기념으로
건조되어 그해에 콜럼버스 항해 루트를 따라 항해하기도 했다.
(출처: 스페인의 빨로스 데 라 프론떼라 소재 박물관)

페인으로 다시 소환됐다. 그는 재능 있는 뱃사람이었지만 행정관으로서는 서툴렀다. 콜럼버스는 4차 항해(1502-1504)를 마지막으로 귀국했다. 마지막 항해에서는 지금의 온두라스와 파나마에 도착했다. 세계사에 가장 큰 영향을 끼친 콜럼버스의 항해가 그 당시로서는 실패작으로 보였을 것이다. 그를 후원하던 이사벨 여왕이 죽은 이후 그의 지위는 하락했고 초라한 신세로 생을 마감했다.

콜럼버스의 아메리카 탐험이 가져온 결과는 스페인 제국의 식민지 건설과 스페인 본국으로의 엄청난 자원 이동이었다. 동시에 아메리카에 거주하던 원주민에게는 잔혹한 침략의 역사였다. 스페인은 수백 년의 식민 통치 과정에서 라틴아메리카 곳곳에 그들이 계획한 도시를 남겼다. 스페인의 정복 및 정주지 형성 과정에서 살아남은 아메리카 원주민(amerindian)은 스페인 정복자가 정착한 마을에서 멀리 떨어진 내륙으로 떠나거나 산으로 올라가 거주지를 형성했다. 스페인이 아메리카에서 군사적 활동을 통해 형성한 정주지나 마을은 스페인의 소유물로서의 쿠바 등을 포함한 라틴아메리카 식민지를 주장하는 중요한 도구가 되었다(Guadalupe García, 2015: 20-22)

1492년 10월 28일 쿠바 바리아이(Bariay, 쿠바 동부 올긴(Holguín) 지방) 만에 도착한 콜럼버스는 그곳을 '가장 아름다운 땅(esta es la tierra más hermosa)'으로 묘사했다. 하지만 비단 쿠바뿐 아니라 바하마, 아이티, 도미니카, 푸에르토리코(Puerto Rico) 사람들 역시 이탈리아 출신의 뱃사람이 자신들의 섬에 대해서도 그런 말을 했다고 주장한다(조지프 L. 스카이시 외, 2017: 17).

콜럼버스의 첫 항해 후 1493년 스페인은 아메리카 대륙의 식민지화를 위해 자신들의 영역을 선으로 그어놓았다. 일방적인 이 선의 동쪽에는 아프리카와 아시아, 유럽이 있고, 서쪽으로는 아메리카가 있었다. 이 선의 서쪽을 스페인의 영토로 선언하면서 그 당시 이미 브라질에 진출했었던 포르투갈과 분쟁을 내포하게 되었다. 1494년 6월 7일 로마 교황의 중재로 스페인과 포르투갈은 아메리카 일부를 포르투갈 영역으로 포함하는, 약간 서쪽으로 더 후퇴한 영토 협정을 맺는다. 이것이 토르데시야스 조약(Tratado de Tordesillas)이다.

콜럼버스는 1494년 9월 25일 스페인 남부 까디스(Cádiz)에서 2차 항해를 떠났고 1496년 6월 11일에 돌아왔다. 이 항해에는 첫 항해보다 대규모로 인원이 늘어나 1,500명이 참가했고 17척의 배가 선단으로 구성됐다. 첫 항해에서 금을 가져왔기 때문에, 두 번째 항해에서는 대규모 선단이 꾸려졌음에도 불구하고, 두 번째 항해자들이 스페인에 가져온 것은 약간의 금과 원주민 노예뿐이었다. 3차 항해는 1498년 5월 30일에 스페인의 남부 산루까르 데 바라메다(Sanlúcar de Barrameda)에서 출발해 1500년 11월 25일에 까디스로 돌아오는 여정이었다. 4차 항해는 1502년 5월 9일에 까디스를 출발해 1504년 11월 7일에 산루까르 데 바라메다로 돌아오는 여정이었고, 이 항해에서는 쿠바 남부 지역의 동쪽에서 서쪽으로 이동해 나갔다.

스페인이 아메리카로 향한 이유는 앞서 얘기했듯이 당시 뱃사람들에게 구전되던 전설 속의 서쪽 대륙에 대한 호기심에서 출발했을지도 모른다. 그러나 무엇보다 이슬람 세력에 의해 통제되던 동양과의 무역로 확보가 가장 큰 관심사였다. 첫 항해에서 가져온 금은 이후 신대륙의 금과 은에 대한 기대를 부추겼을 것이다. 스페인은 엘도라도(EL Dorado) 신화를 찾아서 금이나 은이 매장된 지역을 찾고자 노력했고 1560년 이전에 이미 신대륙에서 다수의 주요 광산을 발굴했다. 그 예로 금의 경우는 까라바야(Carabaya, 페루), 라 파스(La Paz, 볼리비아), 차얀타(Chayanta, 볼리비아), 사루마(Zaruma, 에콰도르), 은의 경우는 딱스꼬(Taxco, 멕시코, 1534), 사까떼까스(Zacatecas, 멕시코, 1546), 과나후아또(Guanajuato, 멕시코, 1548-1558), 빠추까(Pachuca)와 레알 델 몬떼(Real del Monte, 멕시코, 1552), 뽀르꼬(Porco)와 포토시(Potosí, 볼리비아, 1545), 까스뜨로비

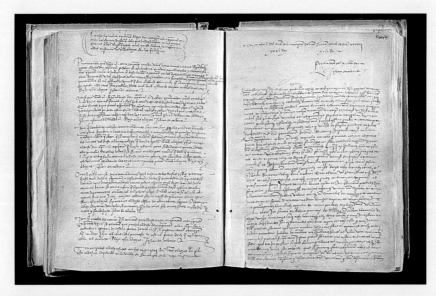

[그림 2-6] 산타페협약(1492). 주요 내용은 신개척지에 콜럼버스가 부왕으로 임명되고 그 직책과 특권이 자손에게
전승된다는 것이다.
(출처: 스페인의 세비야에 있는 인디아스 기록보관소)

[그림 2-7] 토르데시야스 조약.
(출처: 스페인의 세비야에 있는 인디아스
기록보관소)

레이나(Castrovirreina, 페루, 1555) 등이 유명했다.[2]

스페인이 아메리카에 도착해서 거주지를 만들 때 도시는 영역 확장을 위한 지지 기반의 중심지로서 역할했고, 점차 종교적·군사적 중심지로 발전했다. 도시는 스페인 제국이 지속적인 영토 편입으로 확장된 식민지를 통합하는 데에 중요한 도구로 작용했다. 신세계 정복자들은 '도시'를 아메리카의 식민지화에서 중요한 도구로 인식한 것이다. 그들은 정치적·군사적·종교적 권력의 장소, 그리고 무역을 잇는 기반시설이 있는 장소로 도시를 만들어 갔다.

정복과 정주지 형성

스페인 군대가 아메리카에 정착한 초기에 정착자들은 신세계의 토지 등 자연의 특성을 파악하는 데 시간이 걸렸을 것이다. 대륙의 방대한 크기 때문에 띄엄띄엄 거리를 두고 도시를 만들었는데, 정착지를 세우는 데에는 나름의 법칙이 있었다. 예를 들면 산또 도밍고(Santo Domingo)에서 시작된 정복과 식민화는 점차 카리브 해의 대 앤틸레스 제도(Grandes Antillas)의 나머지 지역으로 확장되고, 이후에는 멕시코와 파나마 지역으로 확장되어 갔다. 그리고 이곳을 기점으로 남아메리카 지역을 점령하기 위해 출발했다. 스페인이 라틴아메리카 식민지에 도시를 건설한 것은 통치를 위한 수단으로 이용하려는 목적이었다. 아바나 역시 도시 내부의 성장으로 형성된 것이 아니라 식민지 무역로의 교두보이자 유럽 다른 식민 세력과의 정치적 긴장과 침략을 막기 위한 방어 도시로 형성됐다(김희순, 2016: 114-116).

---

2) 세비야의 인디아스 기록보관소(Archivo General de Indias)의 기록.

스페인은 아메리카에서 정복(conquest)과 식민화(colonization)를 진행해 나 갔다. 점령으로 토지의 소유권을 확보하는 한편, 그 지역의 식민화를 위해 새로운 정주 체계를 확립해 나갔고 스페인 제국의 교점(node)으로서 도시를 연결해 나갔다. 도시는 식민 통치, 교역, 복음 전도의 기능을 수행했다. 다시 말해 도시는 첫째, 식민 통치의 중심으로서 본국인 스페인 마드리드로부터 시작되는 위계적 연결망을 따라 식민 도시를 연결하는 수단이었다. 둘째, 교역지로서의 지역 경제에서 재화와 서비스가 교환되는 공간이었다. 특히 아바나는 구대륙과 신대륙을 잇는 주요 무역항이었다. 마지막으로 식민 도시는 기독교적 신념을 퍼뜨리는 역할을 했으며, 도시에 세워진 교회는 황제 권력의 확산에서도 중요한 역할을 했다. 식민 도시의 중심적 기능은 광장(plaza)과 그 주위의 성당 또는 관공서 등에 집중되었다. 따라서 행정 관료나 부유한 상인이나 종교적 권력층은 자연스럽게 광장에 위치하거나 그에 매우 근접한 곳에 자리 잡았다. 스페인 정복자들이 도시를 건설하려는 목적은 '도시'라는 도구를 통해 최소한의 비용으로 통치 영역의 확장과 관리, 시장과 교역, 그리고 종교 전파의 주요 기능을 발휘할 수 있도록 하는 것이었다.

스페인령 아메리카의 도시 모델은 기독교 병사들이 무슬림 세력으로부터 이베리아의 영토를 재정복하는 데 이용했던 체계를 아메리카에 적용했다고 알려져 있다(Kenneth N. Clark et al., 1995: 112). 1573년 당시 스페인 국왕 펠리뻬 2세(Felipe II, 재위 기간 1556-1598)는 아메리카 식민지에 관한 법령을 성문화해 인디아스 법을 공포했다. 이 중 도시에 관한 부분은 라틴아메리카 도시 구조의 원형을 제공했다. 도시계획에 관한 상세한 내용을 포함하고 있으며(김희순, 2014: 143), 이전의 법령을 바탕으로 식민 도시화법을 추진해 모든 식민 도시에 전체적인 상을 제시했다(차경미, 2010: 418). 특히 "발견, 촌락, 평정에 관한 규정(Las Ordenanzas de descubrimiento, población y pacificación)"

(1573)은 신대륙인 아메리카 도시에 관한 내용을 주로 다룬다(David Alfonso Arias Polo, 2015:41).

인디아스 법에서는 스페인령 아메리카에 세운 마을에 관한 여러 상세한 사항을 제시하고 있지만, 현재까지 남아 있는 두드러진 점은 격자형의 가로망이다. 당시 격자형 패턴은 두 가지 주요한 목적을 가졌을 것으로 보이는데, 식민지화를 위해 질서 정연한 정주 환경을 조성하고 기존 정주지를 대체하는 근대적 방법을 적용하려는 목적이 있었다(김희순, 2014: 144). 광장은 스페인 제국이 아메리카 식민지에 세운 도시의 중심이었다. 이곳에서는 시장이나 투우 경기 또는 축제가 열리기도 했고, 시민들이 만나 어울리는 곳이자 공식 행사의 장소이기도 했다. 광장은 사면을 둘러싼 종교, 행정, 거주용 건물들 때문에 더욱 두드러져 보였다. 광장을 중심으로 동서남북 방위 기점을 따라 도시는 정연하게 확장되었다.

식민 도시 계획에서 무엇보다도 중요하게 다루어진 부분은 도시 입지 조건과 관련된 법이었다(차경미, 2010: 419). 스페인 왕실의 도시 건설에 관한 지침에 따르면, 도시를 형성할 때에 거주민의 건강에 좋은 환경을 추구해야 하며, 교역에 적합한 위치에 정해야 하고, 주거지는 거주자의 사회적 지위에 따라 다르게 해야 했다. 그러나 인디아스 법이 공표되기 전에 라틴아메리카 주요 도시는 이미 건설되었거나 건설이 시작되었다. 따라서 인디아스 법에 따라 라틴아메리카 도시가 건설되었다기보다는 라틴아메리카 도시에 적용된 사항을 정리한 것이 인디아스 법일 수 있다. 그러나 인디아스 법이 공표된 이후 만들어진 도시들은 이 법을 수용하는 한편 지형적 특성에 따라 시가지 구역과 광장을 만들었다(김희순, 2014: 143-146).

사람이 거주하기 양호한 환경에 도시를 세우기 위해 그 지역의 자연적인 조건을 이해하는 것은 매우 중요한 일이었다. 인디아스 법이 나오기 전 까를로스 1세(Carlos I, 1500-1558)는 누에바 에스파냐(Nueva España) 식민 건설과 관련된 법령에서 마을 건설을 위한 최적의 장소 선정에 관한 일반적인 조건을 아래와 같이 제시한다.

마을이 입지할 장소는 비옥하고 건강한 장소이어야 하며 하늘은 맑고 공기는 신선하고 부드러운 곳이고 기후는 온화하여 너무 덥지도 춥지도 않은 곳이어야 한다. 그리고 어떤 경우라도 더운 곳보다는 추운 곳을 입지로 선정해야만 한다(1521년의 도시 입지 관련 법령 34항, 37항)(Javier Aguilera, 차경미, 2010: 419 재인용).

인디아스 법도 자연환경을 도시 입지 선정을 위한 중요한 요인으로 고려했다. 여기에서 정주지에 관한 자연환경 관련 부분은 규정(ordinances) 34-35, 37, 39-42, 111-119, 121-125, 133(조/항)에 수록되어 있다. 정주지 요건으로는 온화한 기온, 마을과 물의 위치, 해상과 육로의 교통 환경, 자원 채취를 위한 산과 숲의 위치, 농사할 토지, 고도와 바람의 방향, 일출의 방향 등에 관해 적혀 있으며, 정주지 건설에서 주요 광장의 물리적 특성과 기능, 광장과 도로의 위치, 기후와 길의 폭 등에 대해서도 명시하고 있다(Roberto B. Rodriguez, 2009).

인디아스 법은 당시 유럽에서 유행한 가장 오래된 건축서인『건축에 관하여(De Architectura)』의 영향을 받았다고도 전해진다. 이 책은 고대 로마 기술자이면서 건축가인 비트루비우스(Marcus Vitruvius Pollio)가 기원전 15년경에 작성한 것으로, 후대에서는 이 책을 번역해 당시 도시 건설에 적용했다고 한다. 스페인 왕실도 비트루비우스의 도시계획법을 인용하고 정리하여 인디아스 법의 도시 편을 제정한 것이다. 그러나 학자에 따라서는 고대 로마나 그리스의 도시계획보다는 스페인의 국토회복운동(Reconquista, 718-1492)이 라틴아메리카 정주지 계획에 직접적인 영향을 주었다는 주장도 있다(김희순, 2014: 143-153).

인디아스 법은 아메리카 도시의 기반, 건축, 개발의 과정에 대한 것으로 이에 상응할 만한 대륙 규모의 법은 없다. 콜럼버스가 아메리카 신대륙을 발견한 이후, 스페인 제국은 아메리카에 식민지를 세우면서 교역이나 생산, 산업을 위해 계획적인 도시들을 만들기 시작한다. 당시 아바나의 통치자인 알론소 데 까세레스는 쿠바 섬에 인디아스 법이 도착하기 전에 자신의 이름을 딴 까세레스 규정(1574)을 만들었고 이 도시에 적용했다고 알려져 있다.

1580년경 스페인은 식민지 정복과 점령을 실질적으로 마무리했고, 도시 간의 연결을 강화하기 시작한다. 당시 식민지 개척자들은 새로운 정착지에 이용할 수 있는 도시 모델을 개발했고, 토지 구획과 일직선의 도로, 그리고 공유벽을 기반으로 도시를 만들었다. 인디아스 법에서 사용된 격자 모양은 망상형(reticular pattern)이었다. 이 격자 패턴에서 길의 정렬이나 다양한 토지 구획의 적용으로 변화가 만들어졌다. 이로써 도시 구조에서 규칙성이 정확하지 않은 직각의 패턴이 도시에 나타났다. 이러한 도시계획상의 수정은 대개는 지형적인 이유로 만들어졌으나, 때로는 도시 공간을 이용 및 점유하는 토지 소유자의 이해관계가 원인이기도 했다.

도시 격자망의 역사는 고대로 거슬러 올라가며 세계 도처의 다양한 문화권에서 볼 수 있다. 격자망 중 널리 알려진 로만 그리드(Roman Grid)는 로마 제국의 정복과 무역 활동을 통해 주변 지역으로 확산되었다. 스페인의 국토회복운동 시기에는 이슬람 세력으로부터 되찾은 정착지에 적용되었다. 스페인 제국이 아메리카에 진출해 정착지를 만드는 과정에서도 이 방식을 적용하는데, 로만 그리드의 한 형태인 이 격자망을 스페인-아메리카 격자(Spanish American grid)라고도 부른다.

스페인이 식민 도시에 적용한 초기 모습으로는 1496년 까나리아 제도에서 산 끄리스또발 데 라 라구나(San Cristóbal de La Laguna)의 격자망이다. 이 격자망은 이후 라틴아메리카 식민 도시에도 적용되면서 현재의 라틴아메리카 도시 구조에 결정적인 영향을 주었다. 인디아스 법에서는 도시 건설에서 적용할 정사각형이나 직사각형의 중앙광장을 자세히 규정하고 있으며, 광장은 모퉁이에서부터 달리는 8개 주요 거리로 이어졌다.

격자망 배열, 광장과 성당을 중심으로 한 도시계획은 스페인이 점령했던 라틴아메리카 도시들의 특징이다. 아바나의 역사중심지구인 구 아바나는 거리의 교점에서 네 방향으로 길이 연결되는 특징이 있다. 이러한 특징은 페루의 리마나 아르헨티나의 부에노스아이레스 등 라틴아메리카의 다른 식민 도시에서도 볼 수 있다. 정작 스페인에서 대표적인 격자망 도시는 좀 더 나중에 출현했다. 1800년대 바르셀로나 인구가 급속하게 증가하자 기존의 도시 구역에서 벗어나 도시 범위를 확장했다. 이 확장 지구(Eixample)는 격자 크기가 113.3×113.3미터로 되어 있다(Alessandra Currel, Helena Coch Roura, 2011: 237). 흥미로운 것은 아바나 격자의 골격이 형성된 1600년대 스페인의 대표적인 도시들은 아바나 격자망처럼 규칙적이지는 않았다는 점이다. 아바나 격자망에서 거리의 교점은 네 방향으로 뻗은 길이 있지만, 당시 스페인 안달루시아의 주요 도시이면서 아메리카와 밀접한 무역 관계에 있었던 세비야(Sevilla)와 까디스의 구도심 거리의 교점은 주로 세 방향으로 뻗어 있다.

쿠바 섬 도착

1511년 에르난 꼬르떼스(Hernán Cortés)는 스페인 사람 400명과 원주민 3,000명을 쿠바 섬의 원정에 끌어들였고, 이 원정 과정에서 1510년 112,000명으로 추정되던 원주민의 수는 1544년에 893명으로 크게 감소했다(세군도 자료실, 아바나). 쿠바 섬에는 식민 시기 이전에도 원주민과 마을이 있었지만, 원주민의 도시와 거주 형태에 대한 기록은 매우 미미하다. 스페인 군대가 쿠바에 도착했을 때, 울창한 산림과 소수의 토착민 거주지가 있었다고 전해진다. 스페인 군대 도착 이전의 쿠바 섬의 '본래' 식생에 관한 연구는 식물학자나 지리학자가 관심을 가진 오랜 연구 주제였다. 19세기 초 약 5년 동안 아바나를 두 번 방문했고 쿠바 섬의 서부 일부를 여행한 독일 학자 알렉산더 폰 훔볼트(Alexander von Humboldt)는 "쿠바 섬은 야생 레몬, 오렌지나무의 자생지였다"라고 기술했다. 그로부터 20년이 지난 후 스페인 자연학자 라몬 데 라 사그라(Ramón de la Sagra)는 좀 더 많은 증거를 확보해 기술하기를, 쿠바 섬 대부분은 사바나 다년생 식생보다는 나무와 나무 사이의 공간을 메워 올라가는 기생식물(parasitical plants)이 빽빽하게 있었고 울창한 수목으로 덮여 있었다고 기록했다(Monzote, 2009: 8-9). 쿠바 섬이 과거 열대우림 지역에서 지금의 사바나 지역으로 변화한 이유에 관한 연구에서 주요 관심사 중 하나는 1500년대 이후 오랜 식민 시기 동안에 특정 열대작물의 플랜테이션(plantation)이 쿠바 섬의 자연환경에 끼친 영향에 관한 것이다. 18세기 전반까지는 담배 농업을 통해, 18세기 후반부터는 사탕수수 농업을 통해 쿠바 섬은 구대륙의 기호 상품을 공급하는 주요 공급처로 역할을 했고, 쿠바 독립(1898) 이후에는 본격적인 미국의 투자로 광범위한 삼림이 제거되고 그 자리에 설탕 공장이 들어서면서 세계의 설탕 공급처로 부상했기 때문이다.

스페인이 쿠바 섬에 도착할 당시의 이야기로 다시 돌아간다. 당시 원주민들의 주택은 견고한 재료로 지어지지는 않았지만 그 지역의 기후와 삶의 방식에 적합한 주택이었을 것이다. 스페인에서 온 식민지 개척자들은 초기에는 쿠바 섬 원주민의 거주 양식을 따랐다. 이들이 이주 초기에 지은 주택은 원주민의 전통 주택인 보이오(Bohio) 형태였다. 보이오는 널따란 판자벽과 야자(Palma)로 만든 지붕이 얹힌 직사각형 형태였다. 그러나 이 주택은 화재에 취약했는데, 1555년 자크 드 소르(Jacques de Sores)가 이끄는 프랑스 해적선의 공격을 받아 아바나의 많은 보이오들이 불에 탔다고 전해진다. 보이오는 점차 다른 소재의 주택으로 대체되었고 1576년경에는 야자로 만든 초가지붕이 금지되었다.

쿠바에 정착한 스페인 사람들은 점차 스페인 남부의 건축 양식을 도입한다. 스페인 남부는 이슬람 세력으로부터 이베리아 반도를 되찾기 위한 국토회복운동 동안 가장 마지막까지 이슬람 세력이 남아 있던 곳이었고, 다른 지역에 비해 이슬람의 영향을 더 크게 받았다.

스페인의 정복 과정, 정주지 형성 과정에서 살아남은 아메리카 원주민은 스페인의 마을이나 도시에서 멀리 떨어진 내륙으로 떠나거나 산으로 올라가 빨렝께(palenque)를 형성했는데, 후에 시마로네스(cimarrones, 달아난 노예들)로 불렸다. 스페인이 정복한 땅에 거주지를 형성하는 등의 군사적인 활동은 섬 전체에 대한 스페인 통치를 확장하는 방법이었고, 이를 통해 영역을 표시했다(Guadalupe García, 2015: 20-22).

지금의 아바나를 발견한 것은 후안 데 라 꼬사(Juan de la Cosa)가 쿠바 섬에 대해 기술한 지 10년 후의 일이다. 당시 스페인이 이미 점령한 히스빠니올라(Hispaniola, 지금의 아이티와 도미니카공화국 섬)에서 정치적 갈등이 계속되었고, 그로 인해 쿠바 탐험은 다시 연기된다. 1508년에 히스빠니올라 감독관인 니꼴라스 데 오반도(Nicolás de Ovando)는 세바스띠안 데 오깜뽀(Sebastián de Ocampo)와 예비대를 쿠바 섬 탐험에 보낸다. 그들에게는 이 섬이 엔꼬미엔다(encomienda) 제도를 위해 원주민 노동력을 공급할 수 있는 지역으로 알려져 있었다. 오반도는 히스빠니올라에서 재임 기간에 엔꼬미엔다 제도를 확대해 나갔고, 결과적으로 그 지역의 원주민 인구수는 감소하고 있었다. 1508년 세바스띠안 데 오깜뽀가 이끄는 부대가 쿠바 섬을 돌아보면서 쿠바의

[그림 2-8] 아바나 도시협동농장 내 보이오의 모습.

북서부 해안에 큰 항구로 적합한 곳을 발견하고 뿌에르또 데 까레나스(Puerto de Carenas)라고 이름을 붙인다. 여기가 바로 지금의 아바나 만(Bahía de la Habana)인데, 그 중요성은 남부 마야베께(Mayabeque)에서부터 여러 번의 이동을 거쳐 1519년에 쿠바 섬 북쪽 해안으로 아바나가 이동해서야 알게 된다.

1511년 당시 군인이었고 후에는 쿠바의 감독관이 된 디에고 데 벨라스께스(Diego de Velázquez)가 에르난 꼬르떼스와 바라꼬아(Baracoa, Nuestra Señora de la Asunción de Baracoa)에서 쿠바 섬 탐험에 나선다. 벨라스께스는 1514년경 스페인 군인 약 500명과 함께 쿠바 섬의 동쪽에서 서쪽으로 다양한 길을 따라 이동한다. 그는 토착민들을 고용하기도 하고 진압하기도 하면서 쿠바 섬에 마을(Villas)을 만들어 나갔다. 그때 만든 여섯 개 정주지 이름은 이를 개척한 사람의 신위(deities)와 종교적인 부칭(patronymics)을 따서 지었다. 산 살바도르 데 바야모 이 산끄띠 스삐리뚜스(San Salvador de Bayamo y Sancti Spíritus, 1513), 뜨리니다드(Trinidad, 1514), 산따 마리아 델 뿌에르또 델 쁘린시뻬(Santa Maria del Puerto del Principe, 1514-1515), 마야베께의 산 끄리스또발 데 라 아바나(San Cristóbal de la Habana, 1515), 산티아고 데 쿠바(Santiago de Cuba, 1515)가 그곳이다.

1514년경 쿠바 남부 해안에 산 끄리스또발 데 라 아바나가 들어선 곳은 지금의 마야베께 지역이었다. 아바나는 현재의 위치로 정해지기까지 여러 번 이동했다. 1515년 이후 적당한 도시 정착지를 찾기 위해 차츰 북쪽으로 이동하여 결국 다섯 번 도시를 옮겨 지금의 수도 아바나에 있는 알멘다레스(Almendares) 강까지 이동하고, 1519년 당시 뿌에르또 데 까레나스라고 부르던 지금의 아바나 만에 안착한다. 아바나가 현재의 위치로 자리잡게 된 이유는 처음의 위치인 쿠바 섬의 남쪽보다는 쿠바 섬 북쪽 해안이 유럽으로 향하는 멕시코 만류가 시작되는 플로리다 해협에 있어 항해에 유리하다고 판단했기 때문이다. 해류의 영향으로 카리브해 지역의 항구들의 대륙

간 항해 기간은 상이했는데, 여러 항구 중 왕복 기간이 가장 짧은 곳이 지금의 아바나 위치였다(김희순, 2016: 116).

만 인근에서 시작된 아바나

아바나는 해풍의 영향으로 대륙성 열대 지역보다는 기후가 온화한 편이다. 그러나 해양 도서 기후라도 열대 지역에 위치하여 1년 내내 온도와 습도는 높다.

지금의 아바나 도시 내 15개의 지역(boroughs) 중 하나인 구 아바나는 500년에 걸쳐 유럽, 아프리카, 아시아, 미국의 영향을 받으며 도시의 물리적 형태와 상징적 이미지를 만들어 왔다. 특히 역사중심지구의 대부분을 차지하는 도시 방벽 안의 건물들은 재건축 등 관리가 시급해 보이고 때로는 붕괴 위험에 처해 있지만, 건축 당시의 시대적 배경에서 보았을 때는 유럽의 건축과 도시 모델을 진보적으로 흡수(assimilation)하여 세워진 것으로 높이 평가받는다. 구 아바나의 물리적 특징은 높지 않은 건물, 평평한 스카이라인, 조밀하고 연속적인 격자식 토지 구획, 건물에 둘러싸인 안마당, 건물과 건물 사이의 공유벽(medianería)이다. 낡았지만 수준 높은 건물에는 중저소득층이 거주한다.

아바나는 도시 형성 초기에 만의 안쪽인 지금의 아르마스 광장(Plaza de Armas)에서 시작하여 지금의 까예 아바나(Calle Habana)를 따라 북부에서 남쪽으로 커져 나갔고, 이후 서쪽으로 확장되어 갔다. 아바나에서 첫 번째 도시 공간이기도 한 아르마스 광장은 광장 서쪽 한 면에 자리한 총독 관저인 빨라시오 데 로스 까삐따네스 헤네랄레스(Palacio de los Capitanes Generales)와 광장의 북쪽 모서리에 있는 요새 까스띠요 데 라 레알 푸에르사 인근 지역에

[그림 2-9] 현재 아바나의 15개 지역 중 하나인 구 아바나의 면적(약 4 제곱킬로미터)에서 약 1/2이 '역사중심지구'로 지정되어 있다. 15개로 구분된 아바나는 105개의 꼰세호스 뽀뿔라레스로 세분된다.(출처: 위키피디아)

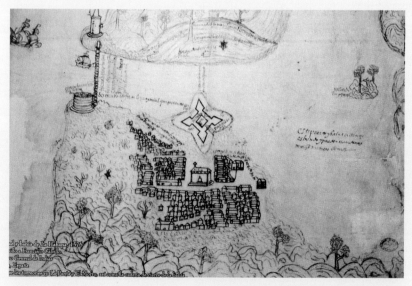

[그림 2-10] 아바나 만과 도시의 16세기 모습. 아바나 만의 왼편 육지에 거주지가 형성되어 있고 그 중심에 교회가 있다. 거주지의 동쪽에 아바나 만 인근에 까스띠요 데 라 레알 푸에르사가 크게 4개의 화살표 모양으로 표시되어 있다. 아바나 만의 입구에는 양쪽에 두 개의 요새가 그려져 있으며 아바나만이 봉쇄되어 있다.(출처: 위키피디아)

서 시작되었다. 아르마스 광장은 아바나 지역에서 가장 오래되고 중요한 광장으로 그 역사적 시작은 1519년이다. 당시 광장 이름은 교회 광장(Plaza de la Iglesia)이었다. 중세 유럽의 요새 광장의 모습과 유사했는데, 중세 유럽의 요새는 광장의 기능이 강화된 것이 특징이다. 광장의 기능을 강화하여 적의 공격을 방어하면서 도시에서 독립적인 공간으로서 역할을 할 수 있도록 고려한 것이다. 실제로 아바나의 아르마스 광장은 북쪽에 있는 레알 푸에르사 요새와 함께 도시 방어와 행정을 수행하는 공간이었다. 이 공간은 초기에는 군사 활동 공간으로 이용되다가 차츰 도시 활동과 종교 활동의 공간으로 쓰임이 확대되었다.

1741년에는 과거에 있던 교회가 없어지면서 광장의 이름도 교회 광장에서 아르마스 광장으로 변경된다. 이 광장의 바닥은 식민 시기에 깔린 자갈돌 포장이 그대로 남아 있다. 자료에 의하면 1741년 아르마스 광장으로 이름이 변경될 때 이미 자갈이 깔려 있었다고 전해진다.

특히 이 광장은 빨라시오 데 로스 까삐따네스 헤네랄레스가 들어서면서 도시 행정의 중심지 기능을 했고 군사 행진이 열리는 공간이기도 했다.[3] 아바나의 주요 도로인 까예 오비스뽀(Obispo), 산 이그나시오(San Ignacio), 메르까데레스(Mercaderes), 오피시오스(Oficios) 등이 모두 이 광장으로 연결되어 있다. 이 광장을 둘러싼 건물들은 16-20세기의 건축물이다. 광장은 빨라시오 데 로스 까삐따네스 헤네랄레스와 빨라시오 델 세군도 까보(Palacio del Segundo Cabo), 까스띠요 데 라 레알 푸에르사, 엘 뗌쁠레떼(El Templete) 등 아바나에서 역사적으로 중요한 건축물들로 둘러싸여 있다. 이 광장의 중심은 세스뻬데스 공원(Parque Céspedes)인데, 중앙에는 하얀 대리석으로 만든 까를로스 마누엘 데 세스뻬데스(Carlos Manuel de Céspedes)의 동상이 있다. 그는 쿠

---

3) http://www.lahabana.com/guide/plaza-de-armas/

[그림 2-11] 아르마스 광장에 있는 세스뻬데스 공원의 마누엘 데 세스뻬데스의 동상.

바 독립 전쟁의 선두였으며 쿠바의 아버지라 불리는 인물이다. 이 주위에는 야자(royal palms)와 세이바(ceiba) 나무가 있다. 원래 이 자리에는 1834년에 설치된 스페인 왕 페르난도 7세(Fernando VII)의 상이 있었는데, 이 상은 현재는 빨라시오 데 로스 까삐따네스 헤네랄레스의 내부로 옮겨져 있다.

1603년 길이 정비되고 건물의 정면이 가지런히 늘어서게 된다. 이렇게 하여 점차 밀집한 도시 구획, 마름모형 부지, 좁은 길이 만들어진다. 17세기에 이미 대표적인 다섯 개의 광장이 나타났고, 작은 광장들이 잇따라 들어서 도시의 특징을 이루었다. 건축에서는 두 집 이상이 이어진 건축물의 공유벽 방식을 적용했고 안쪽에 마당이 있었다. 1674-1740년 동안 지어진 도시 방벽이 완공되기도 전에 아바나는 방벽 바깥쪽으로 확장되었다.

도시계획

정복 초기 금이 이미 고갈돼 가자, 쿠바는 스페인 식민 제국의 중간 기항지 역할을 하게 된다. 그러나 16세기 중반 이후 스페인과 스페인령 아메리카를 연결하는 주요 기점으로 부상했고 1553년 산토도밍고 총독은 아바나로 총독청을 옮긴다(김희순, 2016: 116-117).

1573년에 스페인이 공표한 인디아스 법과 더불어 아바나 총독인 알론소 데 까세레스가 도시의 운영을 위해 만든 까세레스 규정(1574)은 현재의 구 아바나 격자망 형성에 중요한 역할을 했다. 또 식민 시대 구 아바나의 성(Castles), 수도원, 성당, 저택은 유럽에서 온 군사 시설 관련 설계자와 목수에 의해 지어졌다. 좁고 그늘진 거리에 격자망으로 이루어진 밀집된 공간에 그나마 규모는 작지만 다수의 공원이 들어서 있었다. 1603년 끄리스또발 데 로다는 처음으로 도시 방벽이 그려진 도시계획을 작성했다(Julio César

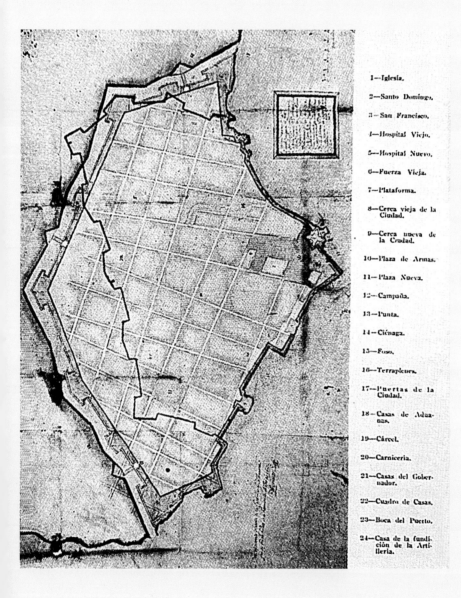

1—Iglesia.

2—Santo Domingo.

3—San Francisco.

4—Hospital Viejo.

5—Hospital Nuevo.

6—Fuerza Vieja.

7—Plataforma.

8—Cerca vieja de la Ciudad.

9—Cerca nueva de la Ciudad.

10—Plaza de Armas.

11—Plaza Nueva.

12—Campaña.

13—Punta.

14—Ciénaga.

15—Foso.

16—Terraplenes.

17—Puertas de la Ciudad.

18—Casas de Aduanas.

19—Cárcel.

20—Carnicería.

21—Casas del Gobernador.

22—Cuadro de Casas.

23—Boca del Puerto.

24—Casa de la fundición de la Artillería.

[그림 2-12] 1603년 끄리스또발 데 로다가 작성한 아바나 도시계획.(출처: OHCH, 2011d: 15)

Pérez Hernández, 2011: 94).

아바나 도시의 구조는 스페인의 도시계획에 기반을 두고 있으며, 조밀하고 균일한 구획 패턴과 광장과 교회가 특징이다. 아바나가 중세 도시의 모습이 있다고 하더라도 중세 도시에서 보이는 비정형 설계보다는 좀 더 정형화한 도시 구조를 갖추고 있었다. 도시 요새와 방벽, 밀집한 격자 패턴의 도시 배열, 좁은 도로는 아바나에서 중세 도시의 일면을 볼 수 있는 특징이기도 하다. 중세 후기 유럽에서 상업과 교역의 발달은 스페인의 식민지에도 영향을 주었다. 식민 도시로서 아바나는 이러한 중세 후기 교역 도시의 특성이 있었으며, 중세 도시 구조의 중심인 성당과 광장을 주요 요소로 갖추고 있었다. 특히 성당은 전면에 광장이 있었다. 이 광장에는 일찍이 시장이 형성되었고 상업 활동의 중심지로 발전했다. 이는 아바나의 산 프란시스꼬 아시시 성당이 들어서 있는 광장에서 찾을 수 있다. 아바나는 중세 도시와 마찬가지로 도시 영역이 교구로 분할되었다. 아바나는 이러한 특성과 더불어 르네상스 시대의 도시 특징도 보인다. 중세에 이은 르네상스 시대는 식민지 개척의 시대이기도 했다. 이 시기에는 교역을 위한 도시망이 확장해 나갔고 당시 발명된 대포와 화약으로부터 방어하기 위한 체계를 구축해 갔다. 이러한 르네상스 시대 도시 특징은 아바나의 요새에도 반영되었다. 르네상스 시기에 광장 주변의 건물은 테라스와 회랑을 갖췄다는 특징이 있는데, 이러한 모습은 아바나의 성당 광장(Plaza de la Catedral)과 구광장(Plaza Vieja)을 둘러싼 건축물에서 볼 수 있다(장수환, 2020a: 115-141).

1500년대의 대표적인 건축물은 요새이다. 구 아바나 구역에 현존하는 건축물은 지어진 시대에 따라 남아 있는 비율이 다르며, 지금 우리가 구 아바나에서 볼 수 있는 건축물의 대략 절반은 쿠바 독립(1898) 이후 1900년대 초반에 지어진 것이다. 구 아바나의 경계인 도시 방벽은 1674년에 짓기 시작하여 120여 년에 걸쳐 1797년에 완성되지만, 방벽이 미처 완성되기도 전

[그림 2-13] 아바나 도시 방벽.

에 아바나(방벽 안 지역)는 도시 방벽의 바깥, 특히 남서부 쪽으로 확장되어 갔다. 1600년대에는 주로 목재를 이용하고 스페인 건축 방식을 접목하여 건축했다. 당시 건축물은 쿠바의 다습한 카리브해 섬 지역의 기후보다는 건축가들의 출신 지역인 스페인 남부 안달루시아 지방의 건조한 기후를 고려하여 지어졌다.

17세기에 이미 아바나에는 아르마스 광장, 성당 광장, 구광장, 성 프란시스꼬 광장 등 다섯 개 광장이 만들어졌고, 작은 광장들이 잇따라 나타났다.

1603년 아바나에 처음으로 통행로가 놓이고 건물의 정면이 줄지어 늘어서는 연속적인 형태가 취해졌다. 이렇게 하여 점차적으로 조밀한 도시 구획, 마름모형 부지, 좁은 길이 만들어졌다(OHCH, 2011b: 1). 도시 방벽에는 세 개의 성문인 뿌에르따 델 아르세날(Puerta del Arsenal), 뿌에르따 데 띠에라(Puerta de Tierra), 뿌에르따 데 몬세라떼(Puerta de Monserrate)가 있었다. 120년이 넘는 도시 방벽 공사 기간에 도시는 이미 방벽을 넘어 확장되어 갔다. 도시 방벽 내 면적은 1.43제곱킬로미터였으나, 아바나 만 간척 등으로 인해 1700년대 중반에 이르러서는 1.5제곱킬로미터로 확장되었다(Mario Coyula, 2003: 3).

격자망 변화: 1691-1853년[4]

구 아바나의 도시 방벽 안에 직사각형, 정사각형, 사다리꼴, 삼각형의 격자망이 있다. 격자망의 크기는 큰 것은 78×153미터, 70×162미터, 중간 크기는 73×83미터, 79×84미터, 작게는 58×62미터, 50×61미터로 구성되어 있다(OHCH, 2011b: 1). 이러한 격자는 다양한 크기로 토지가 판매되면서

---

4) 장수환, 2020a: 115-141에서 발췌.

연속적인 분리의 결과로 나타났다(OHCH, 2011a: 4-5).

방벽 내에서 구 아바나의 격자망이 변화되어 온 모습을 〈그림 2-14〉에서 볼 수 있다. 〈그림 2-14〉의 (1)은 1573년에 작성된 지도로 아바나의 초기 모습을 보여준다. 오른쪽 상단에 있는 요새는 까스띠요 데 라 레알 푸에르사를 나타내고, 그 오른쪽 아래에 보이는 세이바 나무의 위치는 스페인의 아바나 점령 후 첫 미사를 지낸 곳으로 나중에 이 장소를 기념하기 위해 사원 엘 뗌플레떼(1828)를 세웠다.

〈그림 2-14〉의 (2)는 1691년 후안 데 시스까라(Juan de Ciscara)가 교구의 경계(la demarcación en parroquias)를 나타낸 것이다. 지도는 인디아스 법에 부합되는 레이아웃을 보여주고 있다. 인디아스 법에 따라 광장 모퉁이에서 이어지는 8개 거리를 볼 수 있다.

1600년대 이미 형성된 아바나의 격자 체계는 이후로도 아주 약간의 수정만 있었다. 구 아바나의 제한적인 토지 위에서 격자망의 병합과 분할, 정리가 일어났다. 수백 년 동안 아바나 도시 변화는 이미 1600년대 후반에 구성된 격자망에 제약을 받았으며 이후 개발 단계에서도 이해관계 충돌로 협의와 수용이 필요할 때 이러한 제한된 형태 내에서 수정해야 했다(Roberto B. Rodriguez, 2009: 1-2).

식민 초기인 16세기부터 스페인 왕실의 권한을 위임받은 쿠바 의회(ayuntamiento, 식민지 시대 의결 기구)가 토지 사용권을 부여했다. 그로부터 175년 동안 쿠바 의회는 쿠바 초기 정착자와 그 후손들에게 막대한 토지를 나눠주었다. 이러한 땅을 제외하고 여건이 좋지 않은 토지는 왕실 소유로 남았다. 1729년 스페인 왕실은 쿠바 의회의 토지 분배 권한을 취소하고 스페인의 토지판매부(Junta de venta y composición de tierras)에서 쿠바 섬의 토지를 관리할 수 있는 대리자를 직접 보내 관리했다(Johnson, S., 1997: 185)

18-19세기에 아바나는 도시 지역을 둘러싼 방벽을 넘어 서쪽과 서남쪽

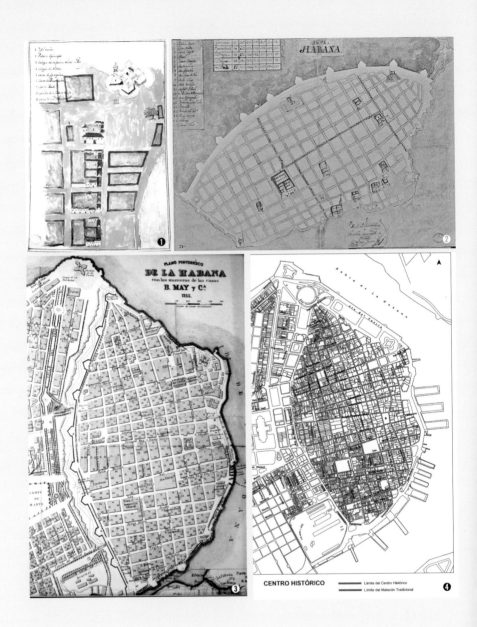

[그림 2-14] 시기별 구 아바나의 구획 변화.
❶ 1573년, 아바나의 도시 초기 모습. 오른쪽 상단 요새는 까스티요 데 라 레알 푸에르사.(출처: 스페인의 세비야에 있는 인디아스 기록보관소)
❷ 1691년, 후안 데 시스까라가 그린 아바나 내 교구의 경계.(출처: 스페인의 세비야에 있는 인디아스 기록보관소)
❸ 1853년, 주택 수 표시한 아바나 계획 지도.(출처: 아바나시박물관)
❹ 도시 방벽 안 구획의 세분화된 최근 모습.(출처: OHCH)

으로 도시가 더욱 확장되었다(그림 2-14의 (3)). 1863년 도시 방벽이 붕괴하기 시작했다. 방벽 바로 바깥쪽은 방벽과 평행한 띠 모양으로 도시가 발달하기 시작했다. 또 이 지역의 특징은 큰 건물이 길(도로)로 둘러싸인 채 한 구획(Manzana)을 통째로 점유하는 모습을 보였는데, 그 예로 빨라시오 발보아(Palacio Balboa), 만사나 데 고메스(Manzana de Gómez)를 들 수 있다(그림 2-16) (OHCH, 2011b: 1-2). 〈그림 2-14〉의 (4)는 방벽 안의 격자가 어떻게 세분되었는지를 보여주는 최근 지도로 방벽 안의 구 아바나와 차이나타운, 말레꼰 일부를 포함한 역사중심지구가 표시되어 있다.

1691년, 1853년, 2011년 지도에 나타난 도시 방벽 안 구 아바나 지역의 격자망을 비교해 보면 그 수는 대략 180여 개로 거의 변화가 없다. 1691년 지도(그림 2-14의 (2))에서 볼 수 있는 격자망은 이후 약간의 수정을 거쳐 전체적인 구조의 큰 변화 없이 오늘날까지 이어진다. 〈그림 2-14〉의 (3)은 1853년 지도로 그 당시 아바나 계획도인데, 각 격자망에 있는 숫자는 이미 있거나 계획된 주택 수를 나타낸다. 이 계획도에서 보면 오른쪽의 구 아바나 구역을 도시 방벽이 감싸고 있고 방벽 너머로 남서 방향으로 뻗은 비교적 넓은 길인 깔사다 델 몬떼(Calzada del Monte)가 있으며, 이 길은 계속 남서쪽으로 이동하여 깔사다 델 세로(Calzada del Cerro)로 연결된다. 깔사다 델 세로는 구 아바나에서 사람들이 이주해 간 주요 경로 중 하나이다. 방벽을 넘어서 확장된 큰길 깔사다 델 몬떼 주변에도 격자망이 보인다. 또 구 아바나 서쪽인 지금의 센뜨로 아바나(Centro Habana) 지역도 격자망으로 계획되었다. 1691년 지도와 1853년 지도의 격자망을 비교해 보면 약 160년 동안 거의 변화가 나타나지 않는다. 다만 구 아바나의 가장자리에 있는 격자에서 약간의 변화가 있을 뿐이다. 변화는 세 가지로 설명할 수 있다. 첫째는 주로 도시 방벽에 접한 격자의 합병이다. 1691년에는 분리된 두 격자망이 1853년 지도에는 합병되어 있다. 둘째는 이전에 형성된 격자의 분할이다.

1691년 지도와 1853년 지도를 비교해 본 결과 격자 하나가 네 개로 분할된 곳은 두 곳이며, 격자 하나가 두 개로 분할된 곳은 한 곳이다(그림 2-15).

셋째는 아바나 만 인근에 접한 구 아바나 지역에서 일어난 토지 이용의 세분화와 정리이다. 〈그림 2-15〉의 (1)의 빗금 친 구역에서 볼 수 있듯이 아바나 만의 서쪽 지역을 중심으로 간척을 통해 아바나 만으로 육지가 확장되고 거리 체계가 정리되었다. 이 지역은 식민 시기 초기부터 자주 침수가 되는 지역이었다. 격자의 변화에 대한 관련 기록은 1773년 라몬 이그나시오 데 욜디(Ramón Ignacio de Yoldi)가 아바나의 까스띠요 데 라 푸에르사와 그 주변 공원의 리모델링과 재건축 계획을 묘사한 도시계획(Ordenación Urbanística)에서 찾아볼 수 있다. 여기에는 아바나 만 입구인 푸에르사 인근의 몇몇 건물의 재건축과 해체가 계획되어 있다. 거리 체계의 경우 1700년대 후반부터 등장한 아바나 만의 아베니다(Avenida), 알라메다(alameda)에서 그 변화를 찾아볼 수 있다. 1853년 이후에는 구 아바나 격자망의 기본 골격에 변화가 없었다. 다만 이미 형성된 격자(블록) 내의 세부 분할은 이후에도 이어졌다. 구 아바나의 격자와 격자 사이에 좁은 거리(calle)가 있었고, 격자망 위의 건물들은 좁은 거리의 양가에 벽을 공유한 채 길게 연결되었다.

격자(블록)의 건물 밀집도에 따라 몇 가지 점유 형태를 들 수 있다. 일반적으로 점유는 전체 면적 대 내부 부지에 점유된 면적의 비율로, 우리나라에서

[표 1] 격자(블록) 내 건물 점유 형태

밀집 블록	구 아바나에서 가장 많이 볼 수 있는 점유 형태로 건물이 부지의 85%를 차지한다. 나머지 부지의 15%는 안뜰(patio), 뒷마당, 측면 통로 등으로 이용한다.
중간 밀도 블록	이 형태는 건물 면적이 부지 면적의 67% 이하를 차지한다. 나머지 비율은 안뜰, 측면과 후면 통로가 차지한다. 도시 방벽 내에서는 예외적인 지역으로 까스띠요 데 라 레알 푸에르사와 같은 군사시설에서 볼 수 있다.
단일 부지 블록	건물 면적이 부지의 15%이며, 도시 방벽 안의 종교적인 건물과 주요 궁에서 볼 수 있다. 도시 방벽 바깥쪽에서는 공공 건물이 들어선 구획에서 나타난다.

출처: OHCH, 2011c: 4-6.

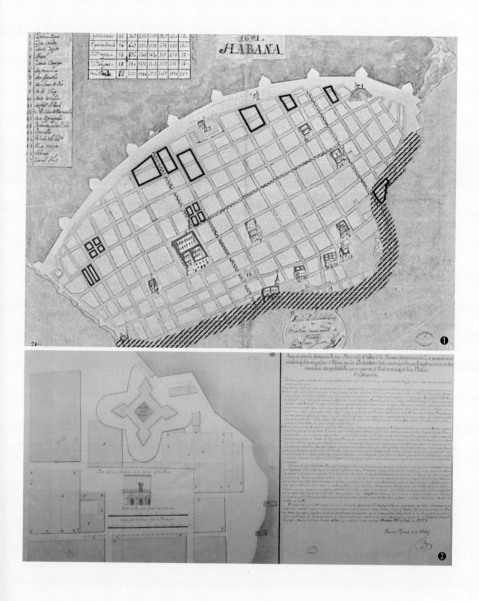

[그림 2-15]
❶ 1691-1853년 사이 격자망의 변화(분할과 합병, 검은 블록 표시)와 아바나 만의 빗금 지역 정비.(출처: 스페인의 세비야에 있는 인디아스 기록보관소, 저자 수정)
❷ 아바나의 까스띠요 데 라 푸에르사 재건축 계획, 1773년 6월 26일.(출처: 스페인의 세비야에 있는 인디아스 기록보관소)

도 건폐율 개념으로 사용하고 있다. 아바나의 경우 건축 규정에서 점유율 상한은 85%이다. 남은 15%는 건축물의 내부 안마당 등이 차지한다.

단일 부지의 블록의 예는 최근에 리모델링이 된 만사나 데 고메스를 들 수 있다. 현재 건물 이름은 그란 만사나 켐삐스키 호텔(Gran Hotel Manzana Kempiski)이다. 한 구획 위에 세워진 만사나 데 고메스는 독일계 회사 켐삐스키와 쿠바 정부의 가비오따 그룹(Gaviota Group)이 합작하여 2017년에 쿠바에서 첫 5성급 호텔로 개장했다. 개조·보수 전의 만사나 데 고메스는 1894-1917년에 절충주의 양식으로 지어졌다. 쿠바에 선보인 최초의 유럽 양식의 쇼핑 아케이드였다. 아케이드의 주요 특징은 내부 덮개가 있는 통로로, 천장의 재료는 유리가 사용되었다. 당시 소유자는 훌리안 데 술루에따(Julián de Zulueta)였고 건축가 뻬드로 또메 베라끄루이스(Pedro Tomé Veracruisse)가 설계했다. 그러나 이 건물의 1층이 완성되기도 전에 안드레스 고메스 메나(Andrés Gómez Mena)에게 팔렸고, 그가 이 건물을 구입한 후 1층이 완성되었다. 다른 층들은 1916년에서 1918년에 지어진다. 이 건물의 중앙에는 안마당이 있어서 자연광이 들고 공기 순환이 이루어졌다. 넓은 회랑이 있는 지층은 상업 용도로 이용되는 반면, 위층은 사무실로 이용되었다.[5]

까예

아바나 거리는 만들어진 시기와 규모 및 형태에 따라 까예(Calle), 깔사다(Calzada), 아베니다(Avenida), 알라메다(Alameda), 빠세오(Paseo) 다섯 가지로 나눌 수 있다.

---

5) http://www.lahabana.com/guide/manzana-de-gomez/

[그림 2-16] 만사나 데 고메스의 내부 통로 상점 모습.
❶ 리모델링 이전.(출처: 위키피디아)
❷ 최근 리모델링된 모습.

이러한 구분은 스페인의 영향을 받은 것으로, 스페인과 스페인 식민지였던 라틴아메리카 도시에서도 그러한 명칭을 볼 수 있다.

구 아바나의 대부분은 폭 4미터 내외의 좁은 거리인 까예로 이어져 있다. 구 아바나의 번화가인 까예 오비스뽀(Calle Obispo)의 역사는 식민 시대 아바나의 정착 시점인 1519년으로 거슬러 올라간다. 도시 방벽 외부에서 도시로 접근할 수 있는 관문 중 하나가 이 거리로 통했다. 수백 년 동안 다양한 이름으로 불렸으나 1936년에 원래 이름인 오비스뽀를 되찾는다. 이 거리 명칭은 주교(El Obispo)인 뻬드로 아구스띤 모렐(Pedro Agustin Morell)을 기리고자 붙여진 것이다. 그는 1694년에 산토도밍고에서 태어나서 1768년에 쿠바 아바나에서 죽었다. 1718년 아바나에 성직자로 임명되었으나 얼마 지나지 않아서 산티아고 데 쿠바(Santiago de Cuba) 교회의 주임사제가 되고, 1745년에는 니카라과(Nicaragua) 레온(Leon) 지역의 주교가 되었다. 그로부터 9년 후 1754년에 쿠바와 플로리다 교구(dioceses)의 주교가 되어 아바나에 들어갔다. 그는 아바나로 들어가 교회를 몇 개 지었고, 자선협회를 창설하여 가난한 사람을 돕는 데 시간과 재산을 보탰다. 1762년 영국이 아바나를 점거했을 당시에는 추방되어 플로리다로 가서 선교 활동을 했다. 영국군이 쿠바에서 철수한 후 그는 다시 쿠바로 돌아왔다. 『쿠바의 교회와 섬의 역사(Historia de la Isla y Catedral de Cuba)』(1766), 『아메리카에서 영국인들이 시도한 반란에 대한 보고서(Relación de las tentativas de los Ingleses en América)』(1767)라는 책을 남겼다.

오비스뽀 거리의 양쪽에는 잡화점, 약국, 서점, 카페와 레스토랑, 헤밍웨이가 머물렀다는 호텔, 그리고 노점들을 볼 수 있다. 이 거리는 중앙공원(Parque Central)에서 아르마스 광장까지 이어진다.

오비스뽀와 평행한 양옆 까예는 오레일리(O'Reilly)와 오브라삐아(Obrapia)이다. 오비스뽀 거리 좌우로 평행한 18개 까예가 있으며, 이 까예와 거의

[그림 2-17] 중앙공원.

[그림 2-18] 오비스뽀 거리.

직각으로 교차하는 10개 까예가 있다. 아바나 형성 초기에 도시 성장의 주축이 된 또 다른 거리는 까예 아바나(Calle Habana)이다. 구 아바나는 아바나만 남동부에서 시작되었는데, 까예 오피시오스(Calle Oficios)를 따라 이 도시의 역사적 유산인 산 프란시스꼬 광장과 성당, 공관 건물인 빨라시오 데 로스 까삐따네스 헤네랄레스가 있는 아르마스 광장까지 이어진다. 한편 까예 오피시오스와 나란히 있는 바로 옆 까예 메르까데레스(Calle Mercaderes)는 구 광장과 성당 광장까지 이어진다. 구 아바나 밖의 지역에서 까예의 폭은 좀 더 확장된다(장수환, 2020a: 131).

성당 광장에서 구 광장으로 가는 까예 메르까데스를 따라가면 까예 오브라삐아(Calle Obrapia)와 만난다. 거리 이름인 오브라삐아는 이 거리에 있는 집에서 유래했다. 이 집의 거주자였던 이의 자선 행위를 기리기 위해 그 이름을 본 따 거리 이름이 붙여졌다. 1648년경 지어진 이 건물은 당시 아바나 부유층의 주택용 건축물이었다. 이 건축물을 설계한 다니엘 따보아다(Daniel Taboada)는 헤레스 데 라 프론떼라(Jérez de la Frontera), 까디스, 뿌에르또 데 산따마리아(Puerto de Santa María) 등 스페인 안달루시아 지역의 서쪽 해안 도시에 지은 것과 유사한 건축물을 아바나에 설계했다. 그러나 이 까사 데 라 오브라 삐아(Casa de la Obra Pía)의 건축 형식은 유럽의 건축물에 비해 표현에서 자유롭다. 1648년에 지어진 이 건물은 아름다운 안마당, 넓은 회랑, 색으로 입힌 띠 모양의 장식이 있다. 바로크 양식의 석회암 정문은 1686년 스페인의 까디스에서 만들어져 아바나로 운반된 것이다.

당시 이 집의 주인이던 돈 마띤 깔보 데 라 뿌에르따 이 아리에따(Don Martín Calvo de la Puerta y Arrieta)는 사후에 10만 페소를 남겼고, 이 돈으로 매년 고아 다섯 명을 돌보았다고 전해진다. 1983년에 오브라 삐아 박물관(Museo Casa de la Obra Pía)으로 문을 연 후 19세기 주택용 가구와 장식을 전시하고 있다. 당시 귀족이 사용하던 직물과 식민 시대에 쓰이던 가구들로 장식되어

[그림 2-19] 까예 아바나.

[그림 2-20] 까예 오브라삐아.

있다. 현재 있는 가구 등 장식품은 한때 이 집에 살던 쿠바 소설가 알레호 까르뺀띠에르(Alejo Carpentier)가 사용하던 것이다.[6]

식민 초기 건축 형태

구 아바나는 아르마스 광장과 푸에르사 요새를 중심으로 시작되었다. 식민 시기 초기 고립되어 있던 원주민의 전통 가옥인 보이오는 점차 안마당이 있는 주택으로 발전했다. 정면을 따라 주택들이 나란히 들어서면서 기존의 고립된 주택들은 벽을 공유하게 됐다(그림 2-21에서 a와 b). 이후에 좀 더 중요한 변형이 뒷마당에서 나타난다. 뒷마당은 초기에는 주택 관리나 마구간을 위한 공간으로 이용되다가(그림 2-21에서 c), 나중에는 안마당 형태를 띤다(그림 2-21에서 d). 안마당이 있는 주택은 건축 자재의 개선과 부지를 채우는 과정에서 발전했으며, 특히 스페인 남부의 건축 양식에서 영향을 받았다. 당시 쿠바 섬에서 일하는 벽돌공의 대다수는 스페인 남부에서 들어왔고, 이들의 건축 방식은 식민지 초기 쿠바의 건축에 지대한 영향을 끼친다. 안달루시아 지방의 무데하르 양식에서 영향을 받은 안마당형 주택은 부의 상징이었다.

좁은 부지의 주택에는 중하층민이 거주했다. 중하층민의 주택은 좀 더 넓은 부지의 부유한 상류층의 주택 양식에 많은 영향을 받았다. 주택에는 앞쪽에서 뒤쪽으로 깊이에 따라 안마당이 하나나 둘 있었다. '뜨라스빠띠오(traspatio)'라 불린 두 번째 안마당은 주로 가사 활동에 쓰였지만, 첫 번째

---

6) http://www.lahabana.com/guide/museo-casa-de-la-obra-pia-casa-de-don-martin-calvo-de-la-puerta-y-arrieta/

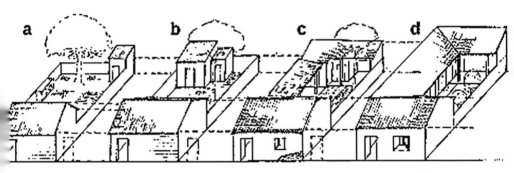

[그림 2-21] 16세기 주택의 발전 모습. 초기 주택 보이오(a) 형태에서 경계벽(a-b-c-d)이 나타나고 헛간(c)과 안마당(d)이 추가되었다.(출처: A. Tablada et al., 2009: 1947)

안마당은 좀 더 장식적인 특성이 있었다. 입구나 '현관(Zaguán)'은 내부가 보이지 않게 하는 위치에 있었는데, 이는 이슬람 전통이기도 했다. 시간이 지나면서 지붕의 높이는 3미터에서 5.5미터로 높아졌다. 지붕은 재료와 형태면에서 변화해 갔다. '알파헤(alfarge)'라 불린 지붕에 역청을 발랐고 붉은 기와로 덮었다. 시간이 흐르면서 유행이 바뀌어 중세 시대 이베리아 반도에서 유행하던 건축과 장식 스타일인 무데하르 양식의 영향이 줄어들었고 기존의 알파헤는 평평한 지붕으로 대체되었다.

구 아바나 지역의 매우 조밀한 도시 구조는 수 세기 동안 같은 거리망을 유지해 왔다. 아바나의 도시 체계와 건축 패턴은 고온건조 지역의 건축 특징을 그대로 가져온 상태에서 시간이 지나면서 그 지역의 기후에 적응하여 일부가 변형된 형태이다. 더구나 기후에 적응하는 건축 요소의 변화는 혁명 이전에 마무리되었으며, 구 아바나 지역의 경우 베다도 지역으로 도시화가 이전되고 부유한 계층이 빠져나가면서 19세기 말에서 20세기 초 이전에 도시의 변형은 이미 완성된 상태로 지금의 모습에 이르렀다. 구 아바나뿐만 아니라 센뜨로 지역의 주택도 안마당과 경계벽을 공유한 연속적인 건물 배열이 특징이다.

아바나 날씨와 건축 양식

특정 지역의 건축물은 그 지역의 기후에 적응하여 관습과 전통적 요인을 갖추고 지어진다. 그러나 식민지 시대 초반, 쿠바에는 그 지역의 기후와 문화를 살린 전통 주택 양식보다는 스페인의 건축 문화에 기초를 두어 지어졌다. 구 아바나의 조밀한 격자 모양의 거리 체계, 경계벽을 기대고 선 건물들, 내향적인 건축 구조와 안마당은 16세기 스페인 남부 고온건조한 안달루시아의 기후가 반영된 결과를 보여준다.

건물은 이슬람의 전통적인 요소가 채택되어 바람 통로는 외부로 향하기보다는 내부로 향하면서 통풍에 취약하다(Dania Gonzalez Couret, 2013: 800-811; A. Tablada et al., 2009: 1947). 또 안마당, 이완과 같은 건축 양식뿐 아니라 벽에 적용된 식물 도안, 벽과 바닥의 타일, 창문에 적용된 마쉬라비야(مشربية, Mashrabiya)에서 아바나의 건축물에 스민 이슬람 전통과 무데하르 양식을 볼 수 있다. 물론 수백 년 동안의 식민지 시기에 있었던 문화적 이식 과정에서도 쿠바만의 독특한 변화와 진보는 간과할 수 없다.

스페인 무데하르 건축 양식

스페인 식민 시기 이후 500여 년 동안 아바나에 축적된 다양한 건축물은 르네상스 양식, 바로크 양식, 신고전주의(Neoclásico) 양식, 아르데코 양식, 절충주의 양식에 기반을 두고 있다(Laura Peñaranda Currie, 2012: 52-53). 쿠바 건축과 관련한 전문용어가 아직 일관되게 정립되지 않았지만, 일반적으로 아바나 도시 연구가들은 식민지 초기 건축물을 스페인 무데하르(Hispano Mudéjar) 양식과 바로크 양식으로 분류한다(Paul Barrett Niell, 2008: 67-68). 스페인의 식민지이던 쿠바에서 무데하르 양식의 등장은 스페인이라는 기독교 왕국 내 무슬림의 역사에 뿌리를 두고 있다. 특히 스페인의 안달루시아 지역은 지리적 이점으로 쿠바를 비롯한 라틴아메리카 지역과 긴밀한 관계에 있었고, 1492년 이전의 약 770년 동안 스페인의 국토회복운동 과정에서 가장 오랫동안 이슬람의 영향 아래에 남아 있던 곳이다. 라틴아메리카 식민지 건설에서부터 밀접한 영향을 주고받은 안달루시아의 지명은 아라비아어(Arabic) 단어인 알 안달루스(الأندلس)에서 유래했다. 알 안달루스는 711년부터 1492년 사이에 무슬림이 지배한 이베리아 지역을 두루 뜻하지만, 그

[그림 2-22]
아바나에 나타난 무데하르 양식의 요소들.
❶ 안마당.
❷ 마쉬라비야.
❸ 타일 벽면과 세공 문양.

경계는 시기에 따라 많은 변화가 있었다.[7] 지명인 안달루시아(Andalucía)가
엘 안달루시아(el Andalucía)의 형태로 스페인어에서 쓰이게 된 것은 13세기
이다. 이 이름은 스페인을 점령한 이슬람의 영토를 일컫다가 점차 까스띠
야 누에바(Castilla Nueva)와 발렌시아(Valencia)의 남부를 일컫게 되었다. 안달
루시아는 현재 까디스(Cádiz), 꼬르도바(Córdoba), 그라나다(Granada), 우엘바
(Huelva), 하엔(Jaén), 말라가(Málaga), 세비야(Sevilla), 그리고 알메리아(Almería)
를 포함한다.

8세기부터 15세기까지 이슬람 문명은 이베리아 반도에 영향을 주었고
독특한 안달루시아 예술을 만들었다. 동쪽의 이슬람과 서쪽의 기독교, 스페
인 예술이 융합해 이 지역의 예술 형태를 형성했고, 주요 건축 양식은 스페
인 무데하르 양식이었다. 안달루시아 예술에 대한 구분 중 하나인 무데하
르 양식은 아바나를 비롯한 라틴아메리카 도시에서도 볼 수 있다.

안달루시아 예술을 8세기 초부터 시기별로 구분해 보면 깔리팔(Caliphal,
8-10세기), 따이파스(Taifas, 11세기), 알모라비데(Almorávide, 12세기), 알모아데
(Almohade, 12-13세기), 나사리떼(Nazarite, 13-15세기), 무데하르(Mudéjar, 12-18세
기)이다. 무데하르 양식은 앞 시대의 예술 전통과 기법인 알모아데와 나사
리떼의 영향을 받아 이루어졌다.[8] 무데하르는 아라비아어 'مدجّن(mudajjan)'에
서 왔으며 그 의미는 '남도록 허락된'이다. 무데하르 건축물은 기독교국인
스페인 영토에서 기독교로 개종하지 않은 무어인, 즉 무데하르들이 만들어
낸 건축 양식으로, 무슬림과 유럽 문화의 접점인 이베리아 반도에서 12세
기에 출현했다. 무데하르 중에는 매우 솜씨 좋은 장인들이 많았고 그들은
아랍과 스페인의 예술적 요소들을 성공적으로 혼합하여 무데하르 양식을

---

7) http://www.andalucia.com/art/architecture/mudejar-romanesque.htm

8) 스페인 까디스 박물관(Museo de Cádiz) 자료.

[그림 2-23] 스페인 그라나다 알함브라 궁전의 아치(위), 센뜨로 아바나 시가지 건물의 아치(아래).

만들어낸다. 건축 재료로는 주로 벽돌을 이용했다. 기하학적 디자인과 식물 도안, 편자형의 아치, 둥근 천장, 벽돌, 나무 무늬 조각, 석고 세공 등이 특징이다. 특히 벽과 바닥 표면을 장식하기 위해서 정교한 타일 패턴을 발전시켰다. 12세기에 안달루시아 지방에서 출현한 무데하르 양식은 스페인의 중부와 북부로 퍼져나갔고 16세기까지 이어졌다.

3장

역사적 장소들

아바나, 신세계로 통하는 문

16세기 말에 아바나는 스페인의 식민지 아메리카에서 중요한 해양 중심지였다. 아바나는 "신세계로 들어가는 열쇠", "세계에서 최고의 항구"로 불렸다. 아바나는 신세계에서 유럽으로 돌아가는 모든 배의 합류점이었다. 아바나의 전략적 입지는 1561년 스페인이 아메리카 식민지로부터 착취한 자원을 안전하게 수송하기 위해 호송 선단 체계인 플로따(flota)를 만들고 200년 동안 운영하면서 공식적으로 인정된 셈이다.

1503년 스페인은 세비아에 인디아스 통상원(Casa de la Contratación de las Indias)을 설치해 아메리카 식민지 무역을 통제했다. 무역량이 증가하면서 세비야는 유럽에서 제일 번화한 도시가 된다. 왕이 직접 무역을 관리했고, 세비야에서 출발한 유럽의 물품은 까디스를 거쳐 아메리카로 들어갔다. 세비야 항구에서 신세계로 가는 두 항로가 있었는데, 누에바 에스파냐의 베라끄루스(Veracruz) 항으로 향하는 노선과 남아메리카 북부 띠에라 피르메(Tierra Firme)의 까르따헤나(Cartagena)와 뽀르또벨로(Portobelo)로 향하는 노선이다. 그러나 당시 아메리카 식민지 곳곳에서 자원을 싣고 집결하여 유럽으로 향하는 유일한 항구는 아바나였다(Alejandro de la Fuente, 1996: 95-115). 지금의 멕시코, 볼리비아, 콜롬비아 등지에서 생산한 금과 은을 유럽으로 들여가기 위해 아바나로 운송했다.

1607년 스페인은 쿠바를 비롯하여 현재의 플로리다 지역과 과테말라, 뿌에르또리꼬, 멕시코의 유카탄 지역을 묶어 쿠바 총독령으로 정비하고 총독부를 아바나에 두었다. 쿠바 총독령의 목적은 스페인령 아메리카와 스페인 본토 간의 안전한 무역 노선의 확보였다. 아바나를 중심으로 두 종류의 무역로가 형성되었다. 첫째는 아메리카 식민지와 유럽 및 아프리카 사이의 무역 노선이다. 두 번째는 아바나를 중심으로 이루어지는 아메리카 식민지 내부의 무역로로, 아바나는 베라끄루스, 까르따헤나, 놈브레 데 디오스, 산따 마르따 등과 연결되었다. 선박들이 운항에 필요한 선박 용품을 아바나에서 공급받으면서 도시는 부를 축적할 수 있었다(김희순, 2016: 117). 특히 1700년대에 아바나는 크게 부흥했으며 1740년대에 이미 스페인의 가장 큰 조선소가 들어섰고 신대륙에서 유일하게 건선거(乾船渠)가 있었다.

까디스는 스페인 안달루시아 지방의 전형적인 도시로 유럽에서 가장 오래된 도시 중 한 곳이다. 또한, 콜럼버스가 신대륙으로 떠난 네 번의 탐험 중 세 번을 출발지 또는 도착지로 삼은 곳이다. 이 도시는 1600년대 중반에서부터 전성기를 맞아 1700년대 중반에 절정에 달했다. 아메리카와의 무역을 독점하면서 새로운 세계에 대해 문화적·정치적으로 교두보가 되었을 뿐 아니라 경제적으로도 번성한다. 따라서 당시 계속되는 영국의 해상 공격에 저항하기 위해 도시를 요새화했다.[9] 스페인의 무역로에 대한 영국 등 유럽 세력의 공격은 까디스뿐 아니라 아바나로도 향했다.

세비야의 무역항으로서의 역할은 17세기에 이르자 까디스로 점차 넘어갔다. 까디스는 바다로 둘러싸인 반도에서 선박의 출입이 좀 더 용이했다. 드디어 1717년과 1718년 사이 스페인의 세비야에 있던 인디아스 통상원이 까디스로 이전했다. 까디스 항구는 대서양과 지중해 사이에 있기 때문에 남북아메리카, 필리핀 등 식민지의 다른 항구들과 광범위한 연결망을 형성할 수 있었고, 이러한 지리적·전략적 위치 덕분에 18세기에 스페인에서 가장 중요한 지역이 되었다. 아메리카와 무역에서 모든 물품의 출발지이자 도착지였기에 부유한 무역업자들은 이 도시에서 그들의 사업을 진행했다. 1700년대에는 아메리카에서 역사상 가장 큰 해양 무역 수송이 일어났으며 까디스는 아메리카 무역을 독점한 덕분에 스페인에서 가장 부유한 도시가 되었다.

---

9) https://www.spanishincadiz.com/en/cadiz/history-cadiz

VISTA DE LA CIUDAD DE CADIZ EN EL AÑO DE 1647 S^{TE} E EN 1802

[그림 3-1] 유화로 그려진 17세기 후반의 까디스.(출처: 스페인 까디스 박물관)

아바나와 까디스의 비교

까디스의 오래된 구역인 까스꼬 안띠구오(Casco Antiguo)에 들어서면 쿠바의 구 아바나를 떠올릴지도 모른다. 촘촘한 경계벽과 좁고 기다란 까예, 해안을 낀 도시는 비단 이 두 도시만의 특징이 아님에도 한 도시가 다른 도시를 떠올리게 한다.

까디스의 오래된 구역은 큰 광장으로 이어지는 곧거나 구불구불한 골목으로 구성되어 있다. 하지만 아바나의 경우처럼 비교적 일정한 격자망의 형태는 아니며, 광장을 주변으로 8개 길이 이어지지 않는다. 까디스가 과거 어떤 도시였는지를 보여주는 〈그림 3-1〉은 익명의 작가가 까디스 전경을 1670-1680년에 그린 것으로 추정되며 1802년에 부분적으로 복원되었다. 이 그림은 1671년 거대한 허리케인에 의해 그 도시가 황폐화된 이후 17세기의 모습을 보여주는데, 이미 아메리카 무역을 선도하는 세계의 상점으로서 면모를 담고 있다. 그 이전인 1596년 영국이 침입해 까디스를 파괴한 뒤 스페인은 이 도시를 성벽과 방파제로 무장한다. 그 모습이 비교적 상세하게 묘사되어 있어 당시의 건축물인 성 까딸리나 성(castillo de santa catalina, 1598년 건축 시작하여 1625년 완성)을 볼 수 있다.

1717년부터 쿠바와의 독점 무역권이 까디스로 넘어간 이후 아메리카에서 출발하는 모든 배는 까디스로 들어갔다. 당시 역사상 가장 대규모의 해상무역이 아메리카에서 일어났다는 점을 상기해 보면 까디스가 스페인과 아메리카 무역을 독점하면서 상업 무역 도시로 크게 융성했음을 짐작할 수 있다. 또 이 과정에서 스페인 왕실에서 제정한 제도의 전달뿐 아니라 두 대륙 간 문화와 정보의 이동이 있었을 것이다. 까디스는 스페인과 아메리카 사이의 무역 독점 도시였고, 아바나는 카리브해의 대표적인 해양 도시로서 스페인으로 들어가는 물품의 최종 집합지였다. 또 남미와 스페인을 연결하

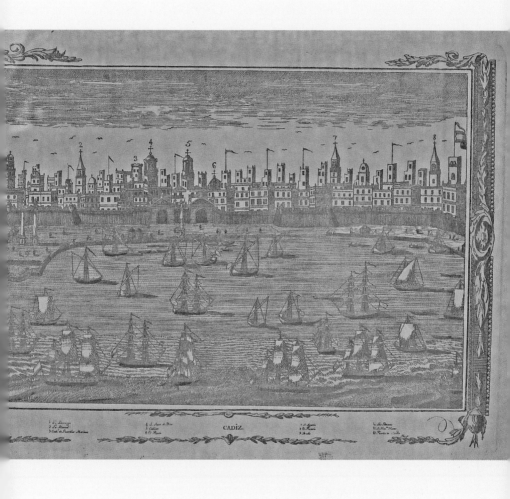

[그림 3-2] 18세기 까디스 만으로부터 본 도시 전경.(출처: 스페인 까디스 박물관)

는 해상무역에서 남미로 귀환하는 상선들이 거치는 항구 도시이기도 했다. 무역에서 단지 상품만이 거래되는 것이 아니라 다양한 정보와 아이디어와 문화가 교류된다는 점은 지리적으로 떨어진 두 도시의 구도심이 가진 물리적 유사성을 설명해 주는 것 같다.

1762년부터 1763년까지 약 10개월 동안 영국이 아바나를 점령하는 사건이 벌어지는데, 영국으로부터 아바나를 돌려받은 스페인 왕실은 식민지 체제에 대한 대대적인 개혁인 부르봉 개혁을 단행한다. 이를 통해 스페인은 식민지 방어력을 강화하고, 유럽 국가들이 밀거래를 통해 스페인 제국에 영향을 끼치는 것을 차단하고자 했다. 또한, 무역 체계를 자유화하는 한편 중세를 통해 군사 체제를 재정비했다(김희순, 2016: 121).

18세기 후반과 19세기 초반 스페인은 나폴레옹의 침략을 받는다. 그러나 까디스는 난공불락의 지역이었다. 까디스는 지중해와 대서양 사이, 유럽과 아프리카 사이의 전략적 위치에 있었다. 다양한 문화와 지식의 교환이 일어난 도시의 지리적 특성으로, 까디스는 스페인의 군주제를 반대하는 자유주의 운동의 요새가 될 수 있었고, 스페인 역사에서 중요한 자유주의 헌법과 입헌군주제를 주창하는 역사적 도시가 되었다. 당시 스페인 까디스 의회는 스페인과 아메리카에서 온 대리자들로 구성되었다. 1812년 3월 19일 스페인의 첫 헌법으로 알려진 까디스 헌법(La Constitución de Cádiz)이 승인되었고 같은 해 이 헌법은 스페인 식민지였던 쿠바에도 도착했다.

아바나 만 방어 체계

아바나는 도시 형성 초기부터 유럽과 중남미를 연결하는 중요한 지리학적 위치에 힘입어 상업 활동이 급속히 팽창했고 선박 건조업이 발달했다. 아

[그림 3-3] 까디스의 까예 산 후안. 까디스의 구도심 구역은 아바나와는 달리 일정한 격자망의 형태는 아니며, 광장의 경우도 주변으로 8개의 길이 이어지지는 않는다.

❶ 까예 마르께스 데 까디스(Calle Marqués de Cádiz).

❷ 까예 산 미겔(Calle San Miguel).

❸ 까예 산 후안(Calle San Juan).

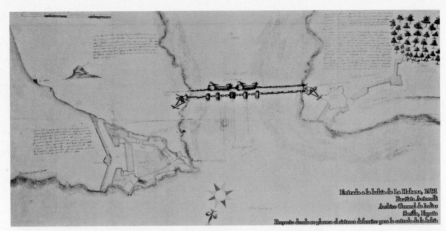

[그림 3-4] 1591년 아바나 만 방어 체계. 오른쪽 산 살바도르 데 라 뿐따와 왼쪽 뜨레스 레예스 델 모로를 봉쇄하여 아바나 만을 통제하고 있는 그림.(출처: 스페인 세비야의 인디아스 기록보관소)

[그림 3-5] 까스띠요 데 산 살바도르 데 라 뿐따에서 바라본 모로 요새.

바나는 스페인의 아메리카 대륙 점령을 위한 기지였을 뿐 아니라 아메리카 대륙에서 취한 자원을 스페인으로 이동하기 전 스페인 선박들의 최종 합류 지점이었다. 신세계에서 착취한 물품이 집결되는 곳이다 보니 종종 해적의 공격을 받았다. 1555년 프랑스 해적 자크 드 소르가 이끈 해적선이 아바나에 들어와 약탈하고 화재를 낸 이후 아바나 만에는 해안 방어 체계가 구축되었다. 이를 위해 까스띠요 데 라 레알 푸에르사(1558-1577), 뜨레스 레예스 델 모로(Tres Reyes del Morro, 1589-1610), 1587년에는 이탈리아 군사 전문가인 안토넬리(Antonelli)가 아바나에 도착하여 산 살바도르 데 라 뿐따(San Salvador de la Punta, 1590-1630)를 건설한다.[10] 당시 아바나는 구대륙과 신대륙을 연결하는 중요한 환적지로 부상했고(1556), 요새는 해적에게서 배와 도시를 보호하고 광범위하게 퍼진 불법적인 거래를 통제하기 위한 것이었다. 식민지 초기 아바나는 아르마스 광장과 까스띠요 데 라 레알 푸에르사를 중심으로 시작되었다. 아바나의 첫 번째 도시 공간인 아르마스 광장은 광장 서쪽 한 면에 있는 빨라시오 데 로스 까삐따네스 헤네랄레스와 광장의 북쪽 모서리에 있는 레알 푸에르사 요새 인근 지역에서 시작되었다. 레알 푸에르사 요새는 중세시대 스페인 건축의 영향을 크게 받았다. 요새 높이 는 10미터이며 석회암으로 지어졌다.

식민 초기에 까스띠요 데 라 레알 푸에르사는 스페인 왕실로 가져갈 금을 보관하던 곳이었다. 나중에는 쿠바의 통치자인 총독의 관사가 추가되어 1762년까지 관사로 이용되었다. 1632년에는 종탑이 추가되었고 2년 후인 1634년에는, 신성로마제국의 황제였으며 스페인(까스띠야와 아라곤)의 왕이 었던 까를로스 5세(Charles V, 1500-1558)가 임명한 쿠바 총독 에르난도 데 소 또(Hernando de Soto)의 아내 도냐 이네스 데 보바디야(Doña Inés de Bobadilla)를

---

10) http://www.lahabana.com/guide/castillo-de-san-salvador-de-la-punta/

[그림 3-6] 까스띠요 데 라 레알 푸에르사. 왼쪽 탑의 위에 히랄디야가 보인다.

[그림 3-7] 세비야에 있는 히랄다.
12세기에 건설된 아랍식 건축물에 풍
향계 종탑이 16세기에 추가되었다.

떠올리게 하는 조각상 히랄디야(Giraldilla)가 들어섰다. 도냐 이네스 데 보바디야는 당시 총독의 관사였던 이 요새의 감시탑에서 탐험을 떠난 남편을 오랫동안 기다렸다. 그녀는 그 오랜 기다림으로 인해 지평선을 바라보며 남편이 집으로 돌아오는 배를 기다리는 전설적인 여인이 된다. 그의 남편은 지금의 미국 조지아(Georgia), 알라바마(Alabama), 플로리다(Florida)를 탐험했다. 그는 미시시피 강에 다다랐고 원주민들에 의해 전해져 오던 영원한 젊음의 샘물에 대한 전설을 듣는다. 당시 그의 나이 겨우 마흔셋이었음에도 그는 영원한 젊음을 찾아 그 신화의 장소로 떠나지만 그곳에 도달하지 못하고 그만 열병으로 죽는다. 몇 년 후 까나리아 제도 출신의 예술가인 헤로니모 마르띤 차핀츠(Gerónimo Martin Chaffinch, 1607-1649)가 아바나에 거주하다가 이 여자에 대한 이야기에 감명하여 고귀한 결혼과 희망의 상징으로서 상을 조각한다. 당시 총독이던 돈 후안 비뜨리안 비아몬떼(Don Juan Bitrián Viamonte)는 그 조각상을 황동으로 만들었고 그즈음에 세워진 요새의 탑 꼭대기에 풍향계로 황동 조각상을 올려놓는다. 총독은 이 풍향계를 히랄디야(Giraldilla)라 명명하는데, 총독의 출생지인 스페인 세비야의 히랄다(Giralda)에서 따온 이름이다. 세비야의 히랄다는 12세기에 건설된 이슬람 사원(Arab mosque)의 옛 첨탑으로 이 건물의 풍향계 종탑은 16세기에 추가되었다. 현재 아바나의 요새 탑 위에 있는 히랄디야는 복제품으로 원래의 조각상은 약 43인치 높이로 아바나시 박물관에 보존되어 있다.

까스띠요 산 살바도르 데 라 뿐따는 아바나 만을 통제하는 전략적 요충지로서 아바나의 방어 체계에서 가장 중요한 방어 구축물 중 하나였으며 1590년에서 1630년 동안 지어졌다. 지오바니 밥띠스타 안또넬리(Giovanni Baptista Antonelli)가 르네상스 건축 양식으로 설계했는데, 그는 맞은편의 요새인 까스띠요 데 로스 뜨레스 레예스 델 모로(Castillo de los Tres Reyes del Morro)도 설계했다. 1700년대 중반 영국의 침략으로 요새는 심하게 파손되었으나

19세기에도 여전히 방어 요새로 쓰였다. 20세기에 들어와서는 요새로써의 본래의 용도를 제외하고 무엇으로든 쓰였다고 전해진다. 심지어 한때는 외양간으로도 쓰이다가[11] 대대적인 복원 끝에 2002년에 박물관으로 문을 열었는데, 복원 과정에서 수백 년 전의 유물이 발굴되기도 했다.

1700년대 중반 쿠바는 7년 전쟁(1756-1763)의 소용돌이에 휩쓸렸다. 이 전쟁은 아메리카, 서아프리카, 인도, 필리핀, 유럽에 영향을 주었는데, 당시 유럽의 주요 두 개의 세력이 충돌한 전쟁이었다. 한쪽은 영국, 프러시아, 포르투갈, 하노버 등 소규모 왕국들이었고, 다른 한쪽은 프랑스, 러시아 제국, 스페인 부르봉 왕가, 스웨덴 등이었다. 이 전쟁의 막바지인 1762년 1월 스페인에 전쟁을 선포한 영국이 11,000명의 군인을 태운 50여 척 이상의 함대를 아바나의 동부에 상륙시킨다. 영국군은 아바나에 주둔하면서 북미와 다른 카리브해 식민지들과 무역을 시작했고 이로 인해 쿠바 사회가 급격하게 변화한다. 영국은 아바나를 장악한 후 채 1년이 지나지 않아 전쟁 중이던 국가들이 파리조약(Peace of Paris, 1763)에 합의하고 종전하면서 스페인에 아바나를 돌려준다.

파리조약 이후 유럽의 주요 세력들은 막 끝낸 전쟁의 비용을 지불하기 위해서 재정적·정치적 개혁에 착수한다. 스페인도 마찬가지였다. 기득권 세력들이 재정 개혁의 일환으로 도입된 신규 조세에 저항했음에도 식민지 아메리카에서 들어오는 조세는 1760년에서 1770년까지 꾸준히 상승했다.[12] 영국으로부터 쿠바를 되돌려 받은 스페인 부르봉 왕가의 가장 시급한 과제는 제국의 방어 체계를 개편하는 작업이었다. 7년 전쟁 동안 영국 함대와 군대가 쿠바를 점령하면서 스페인으로서는 가장 굴욕적인 장소가 되

---

11) http://www.lahabana.com/guide/castillo-de-san-salvador-de-la-punta/

12) https://www.jstor.org/stable/650612?seq=1#page_scan_tab_contents

[그림 3-8] 1926년의 뿐따 요새 모습.(출처: 산 살바도르 데 라 뿐따 전시실)

었다. 이러한 패배를 딛고 쿠바 섬의 방어 체계를 확고히 해야 하는 것은 당연했고, 여기에 들어갈 충분한 세수를 마련해야 했다. 쿠바 식민지 관리 방안을 새로이 구성하기 위해 까를로스 3세(Charles III, 1716-1788)는 리끌라 (Ricla) 백작을 쿠바 총독으로 임명한다. 그는 쿠바 섬의 군대를 강화하기 위해 노련한 정규 주둔군을 확대하고 훈련된 군대 조직을 만들었다. 1763년 리끌라는 파리조약에 따라 플로리다를 대가로 영국으로부터 식민지를 되찾기 위해 아바나에 도착했다. 그 후 그의 친구인 알레한드로 오레일리(Field Marshal Alejandro O'Reilly)와 함께 쿠바 군대를 재정비했다(Allan J. Kuethe et al., 1985: 118-120). 스페인은 아바나를 돌려받은 후에 아바나 만에 요새를 하나 더 추가했다. 모로 성을 따라 포르딸레사 데 산 까를로스 데 라 까바냐 (Fortaleza de San Carlos de la Cabaña, 1763-1774)를 지어 아바나 만을 요새로 완전히 봉쇄했다.

아르마스 광장과 그 주변

아르마스 광장의 동쪽에 있는 건물은 빨라시오 데 로스 까삐따네스 헤네 랄레스이다. 건축 양식은 쿠바식 바로크 양식으로, 절제된 정교함이 특징이다. 과거에는 총독의 공관이었는데, 현재는 아바나 시 박물관(Museo de la ciudad)으로 이용되고 있다. 내부는 식민지 시대의 가구와 장식이 그대로 보존된 방 여러 개로 구성되어 있다.

　건물로 들어서면 중앙에는 식물이 있는 안마당이 있으며 4면의 회랑에서 바라볼 수 있다. 맨 위층은 총독이 거주하며 머물던 공간으로 가구와 장식들이 보존되어 있다. 이 건물이 들어선 자리는 1574년 교회의 경당이 세워진 구역이었다. 1666년 당시 주교인 후안 산또 마띠아스(Juan Santo Matias)

[그림 3-9] 빨라시오 데 로스 까삐따네스 헤네랄레스의 안마당.

가 건물이 차지하는 부지 규모를 더욱 확장했다. 1741년 인근 항구에서 배가 폭발하여 건물이 심각하게 파괴되었으며, 이후 30여 년 동안 건물을 수리하면서 유지했다. 그러나 1776년에 정부 관사를 짓기 위해 기존 건물을 완전히 철거했다. 지금의 모습을 갖추게 된 것은 그 뒤의 일이다.

1776년에 쿠바의 기술자와 건축가가 현재의 건물을 설계하여 짓기 시작했으며 1792년에 이르러서야 거의 완성되었다. 16년이라는 긴 건축 기간이 소요된 이유에는 건축재를 해외에서 공수해 온 것도 한몫했다. 벽돌은 스페인의 말라가, 쇠붙이로 만든 격자는 스페인의 빌바오(Bilbao), 대리석은 이탈리아의 제노아(Genoa)에서 수입했다. 건설 과정에는 노예를 동원했다. 노예 제도는 아바나의 도시와 농촌 경관을 변화시키는 동력으로 이용되었다. 1700년대 말에 이미 쿠바에서 번성한 노예 기반 수출 중심의 플랜테이션 경제가 아바나의 경제를 떠받치고 있었으며, 이로 얻은 경제적 번영은 도시 건축물에 빠르게 반영되었다.

이 건물은 1898년 쿠바 독립으로 마지막 스페인 총독이 떠날 때까지 스페인 식민 정부의 본부였다. 이후 쿠바공화국이 수립되기 전인 1899-1902년에는 쿠바에 주둔한 미군의 지휘관이 이용했다. 1902-1920년에는 쿠바 공화국 대통령궁으로 이용되다가 대통령궁이 지금의 혁명박물관(Museo de la Revolución)으로 이전하면서 1920-1967년까지 시청으로 사용되었다. 1968년부터는 아바나 시의 박물관이자 역사사무소(Oficina del Historiador de la Ciudad de La Habana, OHCH)로 이용하고 있다. 1993년 쿠바 국가평의회의 법령 143(2011년에 법령 283으로 개정)에서는 역사 우선 복원 지역으로 구 아바나 지역을 정했고, 아바나 시 역사사무소(OHCH)에 역사 보존 구역의 도시환경을 계획하고 관리하고 복원하는 권한을 위임했으며, 문화유산의 복원에 대한 자금을 조달하는 방법을 취할 수 있도록 허가했다.

빨라시오 델 세군도 까보(Palacio del Segundo Cabo)는 빨라시오 데 로스 까

[그림 3-10] 빨라시오 델 세군도 까보. 내부 문을 통하여 안마당으로 향하는 이완의 모습.

[그림 3-11] 엘 뗌쁠레떼. 신고전주의 양식이면서 도리스식 기둥과 벽면을 특징으로 한 그레코 로만 양식으로 지어
졌다. 이 건축물은 바로크 양식에서 신고전주의 양식으로 변화하던 시기에 지어졌으며, 이후 쿠바의 신고전주의 건
축에서 중요한 모델이 되었다.

삐따네스 헤네랄레스와 함께 아르마스 광장을 둘러싸고 있는 건물 중 하나이다. 1770년 스페인 왕조는 아르마스 광장의 북쪽에 있는 레알 푸에르사 요새 옆에 스페인의 이베로아메리카 식민지의 우편통신을 책임질 왕립우체국 건물을 짓기로 하고 지금의 세군도 까보를 짓기 시작한다. 견고한 무어풍(Moorish)이면서 쿠바 바로크 양식이기도 하고 부분적으로는 신고전주의 건축물이기도 한 세군도 델 까보는 1772년에 완성되었다(Julio César Pérez Hernández 2008: 2-3). 이 건물의 입구에서 안마당으로 향하는 전이 공간인 이완(아라비아어 ليوان, liwan)을 볼 수 있는데, 이는 무어풍 건축 양식의 특징이다.

1820년 세군도 델 까보는 군대 병참 사령부로 사용되기도 했으며, 재무청의 공관으로 사용되기도 했다. 1800년대 중반 이 건물은 부총독의 공관으로 이용되었다. 스페인에서 독립한 뒤 1902년에는 쿠바공화국 상원 공관이나 고등법원 건물로 사용되기도 했다. 지금은 아바나 시 박물관으로 이용되고 있다.

아르마스 광장은 광장 서쪽 한 면에 자리한 빨라시오 데 로스 까삐따네스 헤네랄레스와 광장의 북쪽 모서리에 있는 레알 푸에르사 요새 인근 지역에서 시작되었다. 이 공간은 초기에는 군사 활동 공간으로 이용되다가 차츰 도시 활동과 종교 활동 공간으로 이용이 확대되었다. 당시 자료에 따르면 이곳에는 가지와 잎이 울창한 판야나무(Ceiba)가 있었는데, 이 나무의 잎이 아르마스 광장 북서면에서 행해진 첫 미사에서 사용되었다고 한다. 이 자리에 지금의 엘 뗌쁠레떼가 들어선 것은 300여 년이 흐른 1828년으로, 1519년 아바나가 지금의 아바나 만 위치로 이동하면서 첫 미사를 올린 장소를 기리기 위한 것이다. 안쪽에는 콜럼버스의 흉상과 프랑스 화가 장 바티스트(Jean Baptiste)가 첫 미사 장면을 묘사하여 그린 유화 세 작품이 있다.

18세기 중후반 쿠바에서는 노예 플랜테이션에 기반하여 설탕과 커피 산업이 급속히 성장했다. 여기서 축적된 부는 아바나의 건축물에 반영된다. 부유한 계층은 큰 부지에 그들의 주택을 새로운 건축 양식으로 짓기 시작한다. 당시 새로운 건축 양식이란 18세기 말 프랑스를 중심으로 시작되어 유럽 전역에 퍼져 나간 신고전주의 양식이었다. 신고전주의 양식은 바로 앞선 로코코 양식이나 후기 바로크 양식의 번잡스러움에 대한 반발로 엄격하고 균형 잡힌 고대 양식에서 모티프를 얻었다. 유럽에서 시작된 신고전주의 양식은 수십 년이 지난 1840년대에 이르러서야 아바나에 본격적으로 도입되었다. 그러나 그보다 이른 1828년에 신고전주의 양식인 엘 뗌쁠레떼가 지어졌고, 이는 아바나 대성당으로 대표되는 쿠바 바로크 건축 양식에서 신고전주의 양식으로의 전환을 보여 준다.

아바나 대성당과 성당 광장

성당 광장의 예전 이름은 습지의 광장(Plaza de Ciénaga)이었으나, 아바나 대성당이 들어서면서 성당 광장(Plaza de la Catedral, 1749)으로 바뀌었다. 광장 옛 이름인 시에나가(Ciénaga, 습지)에서 알 수 있듯이 이곳은 배수가 안 되는 땅이었다. 이후 배수 문제가 해결되고 길이 포장되면서 부유한 사람들이 이곳에 저택을 짓고 들어왔다. 성당 광장은 다른 주요 광장인 아르마스 광장, 구광장, 산 프란시스꼬 광장보다 늦게 만들어졌다. 17-18세기에 성당 광장에서는 선박들에 물을 공급했고 선박을 수리 보수했다. 아바나의 첫 번째 수도관인 산하 레알(Zanja Real, 1592)이 이곳에 건설되었고, 물탱크를 들여와서 아바나에 정박한 스페인 함대에 공급했다. 또한, 선박의 돛을 꿰매거나 밧줄을 짜거나 대포를 수리하거나 대형 목공품을 만드는 장소로 이용되었다. 18세기에 이 광장은 아바나에서 가장 중요한 중심지가 되었다.

성당 광장에 있는 아바나 대성당(Catedral, 1748-1777)은 쿠바 바로크 양식의 대표적인 예이다. 1656년 쿠바에 들어온 예수회는 1727년 지금의 아바나 대성당 자리에 학교와 교회를 지을 땅을 얻는다. 당시 아바나에 있던 헤로니모 발데스(Geronimo Valdés) 주교는 스페인 왕에게 "아바나의 주본당(Parroquia Mayor)이 완전히 폐허로 변했고, 벽이 무너지고 있다"라고 전하고 아바나에 합당한 다른 건물이 필요하다고 주장했다. 이 주교가 말한 폐허가 된 본당은 지금의 아바나 대성당이 들어서기 전에 대성당 역할을 하던 예수회 교회(Iglesia de la Compañía de Jesús)를 말한다.

현재 볼 수 있는 아바나 성당의 건축적 특징은 균형 잡힌 구도, 정교한 정면, 이에 대비되는 단순한 옆면, 건물의 양쪽에서 볼 수 있는 다른 크기의 두 탑, 그리고 절제된 바로크 양식이다. 게다가 양쪽에 있는 크기가 다른 탑에 사용된 사각형 창(opening)은 당시의 고전적인 건축 양식에서 벗어난 모습이다. 19세기 초에는 바로크 양식이었던 제단이 신고전주의 양식의 제단으로 바뀌었다.[13]

당시 아바나에서 거주하던 귀족들은 주택 입지로 광장이나 그 근처를 선호했다(Paul Barrett Niell, 2008: 67-68). 1700년대까지 구 아바나에 거주하는 귀족들은 주로 바로크 양식으로 저택을 치장했다.

쿠바 아바나에 바로크 양식의 대성당이 지어지고 나서 얼마 후 스페인 까디스에도 바로크 양식의 대성당이 들어섰다. 까디스 대성당은 옛 성당 자리에 들어섰는데, 옛 성당은 1260년에 고딕양식으로 지어졌으나 1596년 영국군과 네덜란드군이 까디스를 습격할 때 불타 없어졌다. 〈그림 3-14〉의 교회 모습은 1776년 이후에 지어진 것으로, 116년 동안 지어져 원래 계획이 몇 번 수정되었다. 이 교회는 바로크 양식으로 지어질 계획이었으나 바

---

13) http://www.lahabana.com/guide/catedral-de-la-habana/

[그림 3-12] 아바나 대성당. 서로 다른 양쪽 두 개의 타워 크기와 창문이 특징이다.

[그림 3-13] 아바나 대성당 내부.

[그림 3-14] 스페인 까디스 성당 전경.

로크에 로코코 양식이 추가되었으며, 18세기 말부터 유럽에서 유행한 신고전주의 양식으로 마무리되었다.

바로크의 화려한 절정

15세기에서 18세기까지 스페인 바로크 건축 양식의 발전 단계에서 다양한 모습이 출현했다. 15세기 말에서 16세기 초반 스페인 건축에서 나타난 플라테레스크(Plateresque)도 이 단계의 하나로 볼 수 있는데, 풍부한 장식 문양이 금은세공과 유사하여 '은세공(platero)'에서 유래한 명칭이다. 스페인에서 나타난 이 풍부한 장식은 이슬람적인 요소에 의해 영향을 받았다. 플라테레스크가 처음 등장할 때 스페인이 중세에서 벗어나 르네상스의 초입에 들어서는 시기였기 때문에 이 양식은 스페인 르네상스의 초기 버전에 가깝고 새로운 장식적 대안으로 등장했다고 볼 수 있다.[14] 흥미로운 것은 르네상스의 초입에 나타난 플라테레스크가 바로 앞 시기의 고딕 건축 양식의 변형인 플램보이언트(Flamboyant) 양식과도 관련이 있어 보인다는 점이다.

바로크 건축 양식은 화려하고 과장된 양식으로 가톨릭교회의 영광을 표현했다. 르네상스 건축 양식에서 추구하던 규칙과 형식의 엄격성을 거부하고 대비와 과장, 음영의 대비, 화려한 장식을 건축 기법으로 이용했다. 곡선 장식을 통해 역동적인 형태를 만들어냈는데, 곡선형 코니스, 파동 벽면 등 건축적인 세부 묘사와 형태를 이용하여 극적이고 과장적인 효과를 연출했다.

추리게라(Churrigueresque) 양식은 스페인과 그 영토에서 발전한 스페인 바로크 건축 양식으로, 고딕 양식이 성행하던 시기의 후반과 르네상스의 전반기인 15세기 후반에 나타났다. 화려한 고딕 양식의 공간 개념을 변용하

---

14) https://www.spanish-art.org/spanish-architecture-plateresque.html

고 무데하르의 장식적 요소를 절충하면서 이탈리아 토스카나 르네상스 건축 요소를 절묘하게 혼합했다고 평가된다. 이 양식은 17세기 말부터 18세기 초에 걸쳐서 스페인과 그 식민지에서 나타난 대표적인 바로크 건축 양식이다. 추리게라라는 용어는 건축가이자 조각가인 호세 베니또 데 추리게라(José Benito de Churriguera, 1650-1723)의 이름을 딴 것이다. 추리게라 양식은 멕시코 등 라틴아메리카 식민지의 주요 건물에서 볼 수 있다.

이미 아메리카에 뿌리를 내려 그 지역에서 자란 장인들은 스페인에서 아메리카에 유입된 건축 양식을 그 지역의 관습과 문화에 기반하여 지역에 맞춰 토착화하는 역할을 했다. 스페인 바로크 양식의 극적인 예는 아메리카 대륙에서 발견된다(빈센트, 1990: 490)

성당 광장의 세 건물로 보는 역사

성당 정문을 등지고 성당 광장의 왼쪽부터 시계 방향으로 세워져 있는 까사 델 마르께스 데 아르꼬스, 까사 델 꼰데 데 까사 바요나, 까사 델 마르께스 아구아스 끌라라스를 소개한다.

까사 델 마르께스 데 아르꼬스(Casa del Marqués de Arcos)

18세기에 지어진 건물로, 지위가 높은 귀족의 주택이었기 때문에 당시 주거 건축물에서 가장 앞서가는 저택 형식 중 하나로 볼 수 있다. 까사 델 마르께스 데 아르꼬스의 정면에는 도리스식 기둥 위에 아치로 장식된 뽀르띠꼬가 있다. 뽀르띠꼬를 갖춘 건물은 열대 지방에서 햇빛과 비의 피난처 역할을 했다. 또한, 깊숙이 들어간 정문의 공간 때문에 밀도감을 느낄 수 있다. 입체감 있는 정면은 북적이는 성당 광장의 모습을 한 번 걸러주는 효

[그림 3-15] 성당 정면 추리게라 양식, 멕시코 과나후아또 소재.

[그림 3-16] 성당 광장. 성당 옆에 까사 델 마르께스 아구아스 끌라라스 건물이 보인다. (출처: 위키피디아)

과가 있었을 것이다. 기둥과 아치 안으로 들어서면 다른 층보다 낮게 두 층 사이에 지은 중이층(Mezzanine)의 창문을 볼 수 있다.

까사 델 꼰데 데 까사 바요나(Casa del Conde de Casa Bayona)

대략 1720년대에 지어진 건물로, 성당 광장의 세 건물 중 가장 오래된 건물이다. 돈 루이스 차꼰(Don Luis Chacón)이라는 쿠바의 군 감독관이 살았던 건물이다. 두 층으로 된 이 건물의 정면은 대칭적이면서 우아한 비율로 나뉘어 있으며 식민지 시기의 쿠바 건축물의 요소를 잘 보여준다. 이와 함께 흥미로운 요소는 이 건물의 지붕 알파헤(Alfarge)이다. 이 건물은 19세기 공증인 대학(el colegio de Escribanos y Notarios) 건물로 운영되었고, 나중에는 신문사 라 디스꾸시온(La Discusión)이 들어섰다가 1969년에 복원된 뒤 지금까지 식민지 예술 박물관(Museo de Arte Colonial)으로 이용되고 있다.[15]

까사 델 마르께스 아구아스 끌라라스(Casa del Marqués Aguas Claras)

1750년대에 짓기 시작한 까사 델 마르께스 아구아스 끌라라스는 건축 기간이 20년 이상 걸렸다. 이 집의 첫 주인은 세바스띠안 뻬냐베르 이 앙굴로(Sebastián Peñalver y Angulo)인데 자신의 형 디에고 뻬냐베르 앙굴로(Diego Peñalver Angulo)의 집인 까사 델 마르께스 데 아르꼬스의 맞은편에 집을 지은 것이다. 1762년 영국이 아바나를 점령했을 때 세바스띠안 뻬냐베르 이 앙굴로는 영국 총독의 보좌로 임명된다. 1년 뒤에 아바나가 다시 스페인령이 되자 그는 반역죄로 기소되어 감옥에 갇히고 얼마 지나지 않은 1770년에 사망한다. 그의 아내는 이 주택을 멕시코와 산토도밍고의 부왕령의 변호사인 안또니오 뽄세 데 레온 이 모로또(Antonio Ponce de León y Moroto)에게 팔았고,

---

15) https://www.ecured.cu/Casa_del_Conde_de_Casa_Bayona

그는 이 건물에 웅장한 정문을 추가했다. 18세기 말부터 이 집은 지금의 이름인 까사 델 마르께스 아구아스 끌라라스로 불리게 되었다. 1965년 복원 과정을 거쳐 현재 엘 빠띠오(El Patio) 레스토랑으로 운영되고 있다.[16] 안마당의 중심에 분수가 있으며 기둥이 지탱하는 아치와 단순한 색유리로 된 정문이 있다.

구광장

구광장은 산 프란시스꼬 광장과 역사적으로 밀접한 관련이 있다. 1575년경 아바나 만 인근 산 프란시스꼬 성당 주변 지역의 배수가 양호해지면서 그곳을 광장으로 이용한다. 수도원 역할을 하던 성당 주변에 광장이 들어서자 그곳에 시장도 열렸다. 산 프란시스꼬회 수도사들은 소음 때문에 시장 이전을 요구하고 그 광장에서 좀 떨어진 곳에 상업 활동을 할 수 있는 새로운 광장을 만들도록 제안한다. 이에 1559년에 성당에서 약 100미터 떨어진 곳에 지금 구광장으로 불리는 광장이 만들어진다. 이곳의 원래 이름은 새로운 광장을 의미하는 쁠라사 누에바(Plaza Nueva)였다. 그러다가 1814년 끄리스또 광장(Plaza del Cristo)에 새 시장이 들어서면서 기존에 있었던 쁠라사 누에바의 이름을 구광장으로 바꾸었다.[17] 그러나 광장 이름이 정착하기까지 쁠라사 레알(Plaza Real), 쁠라사 마요르(Plaza Mayor), 쁠라사 페르난도 7세 (Plaza Fernando VII), 빠르께 후안 브루노 사야스(Parque Juan Bruno Zayas) 등을 거쳤다. 광장 폭과 길이의 비율이 3 : 2였고 스페인이 아메리카 식민지 건설

---

16) https://www.ecured.cu/Casa_del_Marqu%C3%A9s_de_Aguas_Claras

17) https://en.wikipedia.org/wiki/Plaza_Vieja_Havana

을 위해 만든 인디아스 법에 충실히 따랐다. 역사학자 페르난데스 산딸리세스(Fernández Santalices)에 따르면 1584년 당시 시의회(cabildo)는 새로운 광장 사업을 착수했다. 그러나 그 사업은 매우 느리게 진행되었고, 심지어 1590년까지도 광장 주변에 아무것도 짓지 않은 상태였다고 한다. 그러다가 1620년대 이후 큰 규모의 주택이 건축된다. 18세기 후반에 이르러서 이 광장은 이층 저택들로 둘러싸였다. 식민 시기 동안 부유한 끄리오요(Criollo, 라틴아메리카 태생의 유럽계 사람)들은 광장을 둘러싸고 주거지를 짓는 것을 선호했다. 구광장을 둘러싼 4면에는 당시 유명한 저택의 전시 장소라고 할 정도로 당대의 부유층 주택이 들어섰다. 도시의 사회적 계층을 이 광장 둘레의 저택에서 엿볼 수 있다.

행진, 투우, 축제의 장소로도 광장을 이용했는데 광장을 둘러싼 저택의 부유한 귀족이 발코니에서 이 행사를 지켜보았다. 나무로 만든 발코니는 그 주택을 소유한 엘리트가 자신의 사회적 지위를 광장에 모인 대중에게 보여주는 장소이기도 했다. 그러나 세월이 흐르면서 엘리트와 일반인 사이의 공간적 경계이던 이곳에서 두 계층 사이의 문화적 교환이 일어난다. 18세기에 이 광장은 시장 광장(Plaza del Mercado)이라고 불렸는데, 시장으로 이용되면서 아바나의 상업 중심지로 기능했다. 이 시기 광장 주변 주택들은 위층은 거주지로, 아래층은 소규모 박물관이나 갤러리, 또는 상업 공간으로 활용되기 시작했다. 1836년에는 아바나의 주요 시장인 끄리스띠나 시장(Mercado de Cristina)이 이 광장에 설치된다. 시장이 잇달아 들어서자 광장은 시장을 이용하는 사람들과 광장 둘레의 저택 발코니에서 그들을 보는 사회 지도층 사이의 사회적 상호작용이 일어나는 장소가 되었을 것이다. 시장은 사회적으로나 문화적으로 보면 복합적인 공간으로, 사회적 지위가 상이한 수많은 개인이 물건을 사고 팔면서 사회문화적 상호작용과 다양한 생각의 교환이 일어나는 곳이기 때문이다. 이러한 공간이 공간적 언어를 만들고

[그림 3-17] 1762년 영국의 아바나 점령 당시의 구광장 모습. 도미니끄 세레스의 그림.(출처: 위키피디아)

[그림 3-18] 최근의 구광장의 모습.(출처: 위키피디아)

시장 기능의 일시적 구조는 광장 고유의 리듬을 만들어낸다(Paul Barrett Niell, 2008). 현재 구광장을 둘러싼 건축물은 17-20세기 초에 지어진 것이다.

산 프란시스꼬 성당과 광장

아바나 항구 인근에 있는 이 광장은 1575년경 이 지역의 배수가 가능해지면서 광장으로 이용되기 시작했다. 1739년에는 산 프란시스꼬(San Francisco de Asis) 성당과 수도원이 건설되었고, 성당의 이름을 따서 광장 이름이 붙여졌다. 이 광장은 아바나 항구 가까이 있었기 때문에 식민지 시대 초기에는 갈레온(galleon)선에서 짐을 내리거나 배를 정비하던 곳이었다. 갈레온선은 16세기 후반에서 18세기 무렵까지 이용되던 범선으로 군함과 상선으로 운용되었다.

식민지 시대 초기에는 이 광장에서 시장이 열렸고 매년 10월마다 닭싸움 행사도 열렸다. 17세기 후반에서 18세기 동안에는 부유한 귀족들이 광장 주변에 집을 지었다. 나중에는 귀족과 수도사들의 불만으로 인해 시장과 닭싸움의 장소가 구광장으로 옮겨진다. 1990년대에 자갈이 깔린 광장으로 보수되었다.

산 프란시스꼬 데 아시시 성당은 1716년에 짓기 시작하여 1739년에 완성된 바로크 양식의 건물이다. 지면의 모양은 라틴 십자가(Latin cross) 모양이며, 천장은 돔의 형태이고, 교회의 중심부는 열두 명의 사도를 의미하는 열두 개의 기둥으로 지지했다. 이 성당은 아바나에 산 프란시스꼬 수도회가 있었다는 중요한 상징이기도 하다. 1591년 산 프란시스꼬 수도회가 이 자리에 훨씬 간소한 교회를 지었으나 1680년과 1692년에 폭풍에 의해 심각하게 손상을 입었고 1694년 허리케인에 의해 교회탑이 무너졌다.

[그림 3-19] 산 프란시스꼬 데 아시시 성당과 광장.

[그림 3-20] 아시시 광장에서 본 터미널 시에라마에스뜨라.

1762년 영국이 아바나를 점령했을 당시 영국 국교인 성공회 성당으로 이용되기도 했다. 영국군이 철수한 이후에도 프로테스탄트에 의해 신성이 모독된 곳으로 간주되어 오랫동안 가톨릭 성당으로 이용되지 않았다. 다만 수도사들이 꾸준히 이 공간을 차지하고 이용했다. 지금 이 성당 앞에 있는 산 프란시스꼬(San Francisco de Asís) 상은 원래 종탑의 꼭대기에 있었으나 1846년 허리케인에 의해 떨어졌다.[18]

이 광장의 북쪽에는 론하 델 꼬메르시오(Lonja del Comercio, 1909)가 있고, 동쪽에는 세관인 아두아나(Aduana, 1914)와 크루즈 터미널인 시에라마에스뜨라(Sierra Maestra)가 있다. 광장에는 이탈리아 예술가 주세페 가지니(Giuseppe Gaggini)가 조각한 분수대인 까라라 대리석 사자 분수(Carrara marble Fuente de los Leones, 1836)가 있다.[19]

주택의 발달

아바나와 센뜨로 아바나 지역의 주택은 안마당(patio)과 건물 벽을 공유하는 연속적인 배열을 갖고 있다. 정문에 들어서면 안마당이 나타나고 그 둘레에 회랑이 있고 회랑은 방을 비롯한 생활 공간으로 이어진다(그림 3-21). 도시 구획은 거의 수백 년 동안 유지되었으나 주택 구조는 벽과 지붕, 창문 등에서 점차적으로 지역의 기후를 반영하여 변화해 갔다. 17세기 말에서 19세기에 부유한 사람들의 저택은 넓은 부지를 차지하고 있었다. 저택은 안마당 한두 개를 둘러싸고 지어졌다. 안마당이 두 개인 경우 현관에

---

18) http://www.lahabana.com/guide/basilica-menor-y-convento-de-san-francisco-de-asis/

19) http://www.lahabana.com/guide/plaza-de-san-francisco-2/

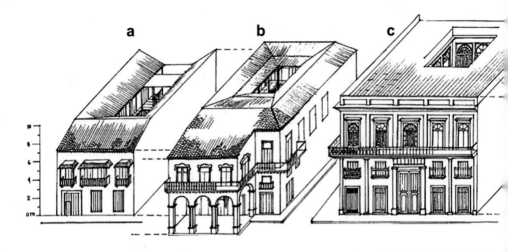

[그림 3-21] 17세기 말부터 19세기, 넓은 부지에서의 주택 변화. 지붕이 있는 발코니(a)에서 뽀르띠꼬와 긴 발코니(b)의 특징을 보이다가 루버와 색유리(c)로 장식된 창문으로 변화되었다.(출처: A. Tablada et al., 2009: 1949)

[그림 3-22] 그림 3-21의 b유형의 뽀르띠꼬. 성당 광장의 까사 델 마르께스 아구아스 끌라라스.

가까운 안마당이 더 넓었다(A. Tablada et al., 2009: 1947). 〈그림 3-21〉은 17세기 말에서 19세기까지 아바나 저택의 건축 형태 변화를 보여준다. 안마당을 둘러싼 3-4개 회랑은 안마당과 내부 공간 사이의 전이 공간으로 기능했다. 회랑은 순환을 목적으로 하는 지붕이 있는 좁은 공간이었다. 저택에는 지붕이 있는 발코니가 있었다(그림 3-21의 a). 시간이 흐르면서 저택의 회랑이 더 넓어졌고 정면의 뽀르띠꼬(porticoes)와 이층의 긴 발코니로 변화했다(그림 3-21의 b). 19세기를 전후로 회랑에는 루버가 달린 창문이 설치되었다(그림 3-21의 c). 현관(Zaguán)이나 입구 안에 있는 홀은 주택 내부에서 안과 밖을 연결하는 중요한 공간이었다. 건물 정면의 중심에 있는 현관을 통해 거리와 안마당 사이의 공기 순환이 가능했고 주간에는 통풍을 개선하는 기능도 했다. 아바나의 발코니는 각 창문에 별도로 부속된 형태에서 전체 건물 정면부를 따라 이어지는 형태로 발전했다. 〈그림 3-21〉의 a와 b, c의 발코니를 비교해 보면 이를 알 수 있다. 또 아바나의 발코니는 본래의 지붕보다는 낮은 별도의 지붕이 있었다(그림 3-21의 a). 그러나 19세기에 신고전주의 양식이 도입되면서 이러한 별도의 지붕은 없어지고 각각의 발코니 위에 코니스(cornice)가 나타났다(그림 3-21의 b). 발코니에는 방 안으로 바람이 들어올 수 있는 난간 (blaustrade)이 있었다(Tablada et al., 2009: 1943-1958; 장수환, 2020b: 11-12 재인용).

18세기에는 중앙광장으로 난 건축물의 정면부에 뽀르띠꼬가 추가되기 시작하는데, 뽀르띠꼬는 지층에서는 열린 공간이면서 위층에서는 사적인 공간이기도 했다(그림 3-21의 b). 뽀르띠꼬에는 지붕이 있는 현관이나 통로가 있고, 건물의 정면부에서 일정한 간격의 기둥에 의해 지탱되었다. 안마당 회랑과 마찬가지로 뽀르띠꼬도 내부의 안마당과 연결된 현관을 통해 주택 안으로 이동하는 전이적인 공간을 만들어냈다. 또 보행자에게 그늘과 비를 피할 수 있는 통로를 제공했고, 거주자에게는 내부보다 강한 바람을 느낄 수 있는 공간이기도 했다.

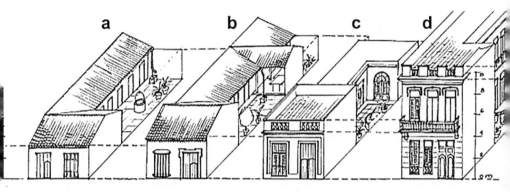

[그림 3-23] 16세기에서 20세기 초, 좁고 긴 부지의 주택 형태 변화. 넓은 창이 특징인 주택(a)에서 후면의 안뜰(b)이 나타나고 루버(c)와 발코니(d)를 갖춘다.(출처: A. Tablada et al., 2009: 1948)

[그림 3-24] 난간, 루버, 루세타, 코니스가 보이는 발코니와 창문.

이러한 대규모 부지에 비해 좁은 부지의 주택 변화는 다음과 같다. 조밀한 환경에서 좁고 길게 연장된 부지에서는 건축적인 다양성이 당연히 제약을 받게 된다. 이는 16세기 말부터 1910년까지 공간 이용에서 약간의 변화를 제외하고 1-2층인 집들이 어떻게 유사한 레이아웃을 유지해 왔는지를 설명해 준다. 좁은 부지의 주택에는 중하층민이 거주했고, 이 주택들의 개발은 넓은 부지의 주택이 발전하는 방식에 많은 영향을 받았다.

건물 정면부는 유행에 따라 변했는데, 신고전주의나 절충주의 건축 양식을 보이면서 외부의 이미지는 '상류 계층'의 주택과 크게 다르지 않았다. 건물 정면부를 따라 발코니는 유지했고, 창문은 점차 외부의 환경을 더 많이 받아들일 수 있도록 변형된다. 창 크기는 커져서 건물 정면에서 차지하는 비율이 높아진다. 이러한 변화는 채광과 통풍, 그리고 주택 내부의 공기 흐름에 긍정적인 효과를 주었다. 점차 창에 루버(louver)나 베네치안 블라인드(Venetian blind)를 추가했고 이후에는 문과 창문 위쪽에 루세타(luceta)나 스테인드글라스를 추가했다(그림 3-23의 d). 안마당은 횡단 통풍을 가능하게 해 주었고, 높은 천장과 더 넓어진 창은 주택 내부의 열 쾌적성과 통풍에 긍정적인 영향을 주었다. 이는 지역의 기후에 적응하기 위한 과정으로 볼 수 있다(A. Tablada, 2009: 1947-1948).

19세기 말부터 다가구 주택들이 출현했는데, 꾸아르떼리아는 노동자 계급을 위한 주택이었다. 이는 공동주택으로서 빛과 통풍에 대한 요건이 있었고 루버와 루세타가 딸린 창문과 안마당을 갖추고 있었다. 그러나 다가구 건물의 출현은 열 쾌적성과 관련해서는 부정적인 영향을 주었다. 안마당의 가로 대 세로 비율(폭/높이)에 영향을 미쳤고, 안마당은 쉼과 전이의 공간에서 빛과 통풍에 취약한 좁은 공간으로 변했다. 게다가 벽돌로 된 막힌 난간과 낮아진 층고로 인해 공동주택의 내부로 바람과 빛이 충분히 들 수 없었다(그림 3-25의 c).

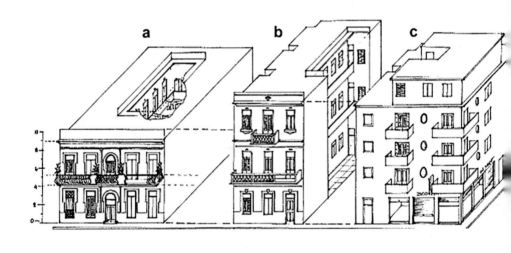

[그림 3-25] 19세기 말 20세기, 꾸아르떼리아에서 아파트까지의 변화. 안마당을 공유하는 꾸아르떼리아(a)와 아파트(b,c)의 출현.(출처: A. Tablada et al., 2009: 1950)

역사중심지구의 다양한 건축 양식

역사중심지구에 들어선 건축물이 지어진 시기는 16세기에서 21세기로 다양하다. 역사중심지구에는 총 3,500개 건물이 있으며, 그중 28%(980개 건물)는 식민지 시대에 건축된 것으로 16세기부터 19세기에 지어졌다. 20세기 전반에는 약 51%(1,785개 건물)가 지어졌으며, 16%(560개 건물)는 20세기 후반에 지어졌다. 이 지구의 건축물 중 80%(2,800개 건물)는 복합 건물(mixta)로 1층은 상업이나 서비스 업무의 용도로 사용하고 2층 이상부터는 주거에 이용하고 있다. 이는 역사중심지구에서 나타나는 전형적인 이용 형태이다.

역사중심지구의 건축물 연도를 나타내는 지도를 보면 20세기 전반을 나타내는 황색이 가장 넓게 차지한다(그림 3-26). 20세기 전반 중에서도 주로 1920-1930년대이다. 쿠바공화국 시기(1902-1959)의 대표적인 건축물은 국회의사당 건물인 까삐똘리오 나시오날, 쿠바 혁명박물관(Museo de la Revolución), 대극장(Gran Teatro de La Habana) 등이다. 역사중심지구는 수백 년 동안 격자망과 거리(calle)를 유지했으며 이미 구획된 격자망 안에서 토지 이용이 세분되었다. 격자망 위의 건물은 시대가 지남에 따라 다른 건물로 새로 지어지거나 크게 수리되기도 했다. 현존하는 건축물들은 20세기 전반에 가장 많이 지어졌으며, 19세기, 20세기 후반, 18세기, 21세기, 17세기와 16세기 순으로 많이 지어졌다(그림 3-26).

〈그림 3-27〉은 역사중심지구의 3,370개 건축물의 양식을 분류한 결과를 보여준다. 가장 많은 비율을 차지하는 건축 양식은 절충 양식(Ecléctic)으로 49.9%(1,680곳)를 차지한다. 그 다음은 20.9%(705곳)를 차지한 신고전주의 양식이다. 불특정한(Indefinido) 양식도 10.8%를 차지한다. 현대식은 6.8%이고, 포스트모던 양식은 0.9%이다. 바로크 양식은 2.4%(80곳)이며, 아르데코 양식은 2.2%(75곳)이다. 아르누보 양식은 2.1%(71곳)이며, 원형 합리주의

범례

- 16-17세기
- 18세기
- 19세기
- 20세기 전반
- 20세기 후반
- 21세기
- 시기 불확실
- 공지
- 녹지
- 역사중심지구 경계선

시기별 건물 수

시기	건물 수
16-17세기	14
18세기	172
19세기	863
20세기 전반	
20세기 후반	326
21세기	30
시기 불확실	48

[그림 3-26] 역사중심지구 내 건물의 건축 시기.(출처: OHCH, 2011a: 11)

범례

- 스페인-무데하르
- 바로크
- 신고전
- 아르누보
- 절충주의
- 아르데코
- 프로토라시오날리스타
- 모던
- 포스트모던
- 양식 불확실
- 공지
- 녹지
- 역사중심지구 경계선

건축 양식별 건물 수

양식	수
스페인-무데하르	162
바로크	80
신고전	705
아르누보	71
절충주의	1680
아르데코	75
프로토라시오날리스타	34
모던	228
포스트모던	32
양식 불명확	363

[그림 3-27] 역사중심지구 내 건물의 건축 양식.(출처: OHCH, 2011a: 12)

양식(Protorracionalista)은 약 1%(34곳)이다(장수환, 2020b: 8-11).

절충 양식

역사주의(Historicism) 양식이나 절충주의 양식이라 불리는 이 양식은 역사적인 양식을 재해석하거나 모방하여 과거에서 그 기원을 가져오는 것이다. 19-20세기 초 건축 양식은 기존 건축 양식의 요소들의 혼합으로 구성된 것이 특징이다. 고대 그리스나 로마 양식, 르네상스 양식의 재유행으로 시작되었고, 18세기와 19세기의 부흥주의(Revivalism) 시기, 20세기 후반의 포스트모던 역사주의(Postmodern Historicism)에 이르기까지 계속되었다. 이 양식의 건축물에서는 여러 시기의 미적 추구가 동시에 일어난다. 본으로 삼으려 한 양식과 그 충실도에 따라서 그 결과가 매우 다양하게 나타난다.[20] 구 아바나에 있는 3,370개 건축물의 양식 중 가장 많은 비율을 차지하는 절충주의 양식은 약 1,680개에 달한다.

까사 델 알페레스 프란시스꼬 델 삐꼬로 보는 아바나 역사[21]

현판에 기록되어 있는 정보

석조 기초로 된 2층 건물이며, 벽돌과 돌로 된 벽, 석고로 된 파티션, 콘크리트와 벽돌로 이루어진 평평한 지붕으로 되어 있다. 19세기에 주인이 몇 차례 바뀌었고, 방이 추가되었다. 당시 가장 번화한 길에 있던 이 주택은 임대용으로 이용되었다. 1860년 상인 에레라 볼렛 이 시아(Herrera Bolet y Cía)

---

20) https://www.spanish-art.org/spanish-architecture-historicism.html

21) 장수환, 2020b: 1-26에서 발췌.

[그림 3-28] 까사 델 알페레스 프란시스꼬 델 삐꼬의 복원 전후.
(출처: (위) 복원 전, http://www.habanaradio.cu, (아래) 복원 후, 저자 촬영(2018년 2월))

가 이곳에 머물렀고 일생을 담배 산업에 종사했다. 1927년 네덜란드 영사이면서 까를로스 아놀드손 회사(Carlos Arnoldson and Company, Ltd.)의 설립자이자 사업가인 까를로스 아놀드손이 이곳을 임대해서 사용했다. 매력적인 정문과 2층으로 가는 계단 외에도 내부 벽에 그려진 벽화가 특징이다. 문화유산으로서 가치를 인정받아 보호 1등급으로 지정되었다. 이 주택에 대한 정보는 아바나 라디오(http://www.habanaradio.cu)를 통해서 알 수 있다.

아마르구라 거리(Calle Amargura)에 있는 식민지 시기의 대주택으로, 웅장한 정문이 있으며 바로크 양식의 선으로 장식되어 있다. 18세기 중반 상류층이 거주하던 전형적인 주택이다. 첫 번째 소유자는 갈리시아에서 아바나에 도착한 알페레스 돈 프란시스꼬 델 삐꼬(Alférez Don Francisco del Pico)로 아바나 출신의 도냐 후스따 데 헤수스 루이스(Doña Justa de Jesús Ruis)와 결혼했다. 그러나 얼마 되지 않아 집주인은 빚으로 인해 그 저택을 저당 잡히고, 1759년에 총독이 까스띠요 레알 푸에르사에서 이 집과 노예에 대한 경매를 진행했다. 문서에 의하면 그 경매에서 마떼오 레이가다스(Matheo Reigadas)가 이 집을 인수했다. 오늘날 볼 수 있는 이 주택의 주요 모습은 그가 인수한 이후 재건축으로 변화된 모습이다.

19세기 이 집의 주인은 여기에 거주하지 않고 이 집을 임대했다. 그때부터 내부 공간이 새로이 분리되고 상업 용도의 부속 공간이 설치되고 방이 추가되었다. 1802년 돈 프란시스꼬 에르난데스(Don Francisco Hernández)가 이 집의 주요 거주자였고, 프란시스꼬 에체베리아(Francisco Echeverría)는 일부 부속 건물(accesoria)을 임대했다. 1830년대에 유명한 공증인이던 돈 까예따노 뽄똔(Don Cayetano Pontón)이 이 집을 경매로 낙찰받았다가 돈 나르시소 가르시아 데 노라(Don Narciso García de Nora)에게 팔았다. 1860년대에는 담배 산업에 일생을 보낸 에레라 볼렛이 이 집에 거주했으며, 1892년 상인인 까리요 페르난데스 이 꼼빠니야(Carrillo Fernández y Compañía)가 이 집에 거주했다. 이

[그림 3-29]
안마당으로 향하는 이완.
이슬람 건축 양식의 주거 공간에서
사용하던 건축 요소로
아치 형태이며 안뜰을 향해 있다.
(출처: CÉSAR O. GÓMEZ LÓPEZ 촬영
https://www.flickr.com)

후로 이 집은 원래의 공간이 점차적으로 변형됐다. 1927년 까를로스 아놀드손 회사의 운영자이면서 네덜란드와 스위스의 영사이기도 한 까를로스 아놀드손이 여기에 거주했다. 1900년대 후반기에 이 집은 다세대 주택(casa de vecindad)으로 이용되었다. 이곳은 최근에 복원(restauración)되어 현재 공영 주택(vivienda social)으로 이용되고 있다.

이 건물의 물리적 특징은 석조로 된 건물 기초와 벽돌 파티션, 타일로 장식된 바닥, 벽화와 석고 장식이 있는 벽과 천장이다. 무어식 건축의 특징인 타일 작업과 석고 장식, 안마당과 이완도 보인다. 안마당을 둘러싼 세 면은 집 내부로 연결되어 있고, 한 면은 외부로 노출된 형태였다. 초기 이완은 아치 형태의 지붕이었으며, 벽면은 안마당을 향해 있으며 개방되어 있었다. 무어식 건축 양식인 이완과 안마당을 통해 스페인 안달루시아 지역의 건축 양식이 아바나의 건축물에 영향을 주었음을 알 수 있다. 창문은 신고전주의 양식의 영향을 받아 처마가 없다. 아바나에서 신고전주의 건축물이 1800년대 초반에 등장한 점을 고려하면 이 창문의 양식은 나중에 바뀐 것일 수도 있으나 자료가 남지 않아 확인할 수는 없다. 19세기에는 소유권이 여러 번 바뀌었다. 이 주택의 물리적 변화의 계기가 된 첫 번째 요소는 이 집의 주인이 새로운 지역으로 이동하고 이 집을 임대한 것이다. 물리적 특징에 변화를 가져온 두 번째 요소는 이 집이 거주와 상업적인 시설로 혼용되면서 일어난 공간 변화이다. 세 번째 요소는 20세기 후반부터 다세대 주택으로 이용되었고, 최근 복원된 이후로는 공영 주택으로 이용되고 있다는 점이다.

1800년대 초 이 집의 주인은 이곳을 떠나 새로운 거주 지역으로 이사했다고 전해진다. 1700년대까지 도시 방벽 안에 거주하던 귀족들은 바로크 양식으로 저택을 치장했다. 19세기 전반은 경제적 번성기였다. 이미 아바나는 방벽을 넘어 확장되었고, 1830년대 끄리오요들은 도시 방벽을 넘어 남서부로 뻗어간 깔사다 델 세로를 따라 정착한다. 그들은 이곳에 신고전주의 양식의 빌라를 짓기 시작했다. 방벽 밖의 지역뿐 아니라 방벽 안의 바로크 양식은 신고전주의 건축 양식으로 대체되기 시작한다. 깔사다 델 세로뿐 아니라 깔사다 인판따(Calzada Infanta)와 깔사다 디에스 데 옥뚜브레 (Calzada 10 de Octubre)는 구 아바나가 서부와 남부로 확장되는 통로가 되었다. 19세기 초 이 집의 주인이 이동한 새로운 거주 지역은 아마도 당시 많은 끄리오요가 이동한 구 아바나의 남서부 지역이거나 19세기 중반 부유층이 선호한 새로운 정원 도시인 베다도 지역이었을 것으로 추측된다.

　주택의 주인이 다른 지역으로 이사한 후 임대 공간으로 사용되면서 이 주택은 목적에 따라 공간이 분리된다. 일부는 상업용 부속 공간으로, 일부는 거주 공간으로 이용되었다. 그 예로 1802년에는 거주 공간의 임차인과 상업용 부속 공간의 임차인이 다른 사람이었다. 1700년대 중반 이후 쿠바의 역사와 까사 델 알페레스 프란시스꼬 델 삐꼬의 주요 사건과 변화를 정리하면 다음과 같다(표 2).

다세대 주택의 출현

과거 고급 주택에 대한 부유층의 열망은 아바나 곳곳에 웅장한 저택을 남겼다. 이러한 저택의 공간을 분할하여 여러 세대가 거주하기 시작한 것은 18세기로 거슬러 올라간다. 더 좋은 주거 환경을 찾아 떠난 부유층이 남긴 대주택을 분할하여 저소득층의 다세대가 공동으로 거주했다. 특히 역사중심지구와 센뜨로 아바나 지역에 거주하던 부호들이 19세기 중반 새로운 개발지인 베다도 지역으로 이주하면서 저소득층은 그들이 내놓은 기존 주택의 공간을 나누어 사용했다.[22]

---

22) http://www.habanaradio.cu/

[표 2] 1700년대 중반 이후 쿠바와 주택의 주요 역사

시기	쿠바 역사	까사 델 알페레스 프란시스꼬 델 삐꼬의 역사
1700년대 중반	아바나 인구 7만 명 거주.	1700년대 중반 건축.
1756-1763	7년 전쟁.	1759년 레알 푸에르사 성에서 첫 주인의 주택과 노예에 대한 경매에서 마떼오 레이가다스(Matheo Reigadas)가 집을 인수, 그의 후손이 이 집을 상속받음.
1771-1776	아바나 만 서쪽에 폭이 넓은 산책길인 알라메다 데 빠울라 조성.	
1776	스페인과 인디아스 사이의 자유무역 규정 (Reglamento para el comercio libre de España a Indias).	
1700년대 말	노예 기반 수출 중심 플랜테이션 경제. 민간 저택과 도시의 건조 환경에 반영.	
1790-1860	흑인 노동력 72만 명 유입.	19세기 초, 이미 이곳의 거주자는 이곳에 살지 않았고 새로운 거주 지역으로 이주. 이 주택은 임대용으로 이용, 상업용 부속 공간과 거주 공간으로 분할 이용. 1802년 돈 프란시스꼬 에르난데스이 이 집의 주 거주자였고 프란시스꼬 에체베리아는 일부 부속 건물을 임대.
1800년대	카리브 지역과 북미 사이에 무역 증가. 아바나는 앤틸레스 제도의 파리(Paris of the Antilles)라고 불릴 정도로 발전.	
1817-1819	아바나 확장 계획인 '쁠란 데 엔산체'로 방벽 안 도시인 구 아바나와 방벽 바깥의 근교를 연결하는 도시 확장 계획을 세움.	
1828	신고전주의 건축 등장. 엘 뗌쁠레떼(El Templete).	
1834-1838	당시 총독이었던 미겔 데 따꼰은 사탕수수 무역에서 나온 재정적 뒷받침으로 활발한 도시 공공사업을 함.	1830년대 당시 유명한 공증인이었던 돈 까예따노 뽄똔이 이 집을 경매로 낙찰받음, 이후에는 돈 나르시소 가르시아 데 노라에게 매도.
1836	도시 방벽의 성벽 문 즉 뿌에르따 데 몬세라떼 (Puerta de Monserrate) 개방, 해안선과 평행한 위치에 두 개의 주요 도로인 산하(Zanja)와 내륙의 아베니다 살바도르 아옌데(Avenida Salvador Allende)를 만듦.	
1858	금지된 지역이었던 베다도에 대한 접근 제한이 없어짐. 베다도에 북서-남동 방향으로 넓은 가로길 도입.	1860년대 상인이면서 회사를 설립했었던 에레라 볼렛이 이 집에 거주했으며 담배 산업에 일생을 보냄.
1820-1860	노예 제도로 유지되는 플랜테이션 사업과 설탕 가공업이 절정. 1865년 미국 남북전쟁에서 남부 연합의 패배로 노예 플랜테이션 농업이 아바나로 이주.	
1868-1878 1895-1898	스페인 식민화에 맞선 쿠바의 두 번의 전쟁.	1892년 상인이었던 까리요 페르난데스 이 꼼빠니아가 거주. 그 이후로 이 집은 원래의 공간을 점차적으로 변형.
1899	미국 자본이 쿠바의 담배 사업에 들어옴.	
1920-1930년대	아바나 해안을 따라 있던 기존 식민 건축물들을 대체하는 프로젝트. 미군은 말레꼰 대로를 건설.	1927년 네덜란드 영사이면서 사업가였던 까를로스 아놀드손이 임대.
1959	쿠바혁명.	20세기 후반기에는 다세대 주택으로 이용, 현재 공영 주택으로 이용되고 있음.
1961	과거 저택 몰수, 다세대 거주용 공급.	
1993년 이후	역사사무소(OHCH)는 역사중심지구에서 숙박, 식당, 카페 등 운영, 유물 복원을 위한 경제적 재원으로 사용.	

출처: 장수환, 2020b: 20-21.

저택을 분할하여 사용하는 다세대 주택을 솔라르(Solar)나 시우다델라스 (Ciudadelas)라 부른다. 이 둘은 규모에서 차이가 있다. 솔라르는 20-30여 개 방으로 구성되지만, 시우다델라스는 100여 개 방으로 구성된 큰 공동주택을 말한다. 공통점은 정면 입구가 하나이고 중앙에 안마당이 있으며, 다세대가 부엌, 화장실, 욕실을 공동으로 사용하면서 거주하는 형태이다(Esther Katheryn Whitfield et al., 2008: 183). 둘 다 안마당이 있는 저택으로 원래는 부유한 한 가구가 사용하던 공간이었으나, 이후에 개조되어 여러 가구에 거주지를 공급하기 위해 분리한 것이다. 단조로운 직사각형 구조로, 내부는 통풍에 취약했다(Dania Gonzalez Couret, 2013: 800-811). 욕실과 부엌은 안마당의 끝에 있으며 공동으로 이용했다. 저택에서 다세대 주택으로 변하면서 안마당에 각 거주자의 공간에 인접하여 욕실과 부엌이 추가되기도 했다(A. Tablada, 2006: xi). 시우다델라스와는 달리 꾸아르떼리아(Cuarteria)는 노동자 계급을 위해 출현한 주택으로 처음부터 여러 세대가 살도록 설계된 공동주택이다. 비록 노동자 계급의 주택이었지만 정면부는 신고전주의 양식이나 절충주의식 표준 양식을 취했다. 19세기 말부터 도시 방벽 내의 다가구 건물이 많이 지어졌다. 이러한 1-2층 건물은 측면이나 중앙에 안마당이 있고, 방을 한 개나 두 개 사용하는 가구가 여럿 있었다. 쿠바혁명(1959) 이후 1961년 쿠바 정부는 이민자들의 막대한 토지와 주택을 몰수했다. 이후 이 저택들도 학교나 정부 청사로 이용되거나 여러 가구의 요구에 맞춰 공간을 나누어 사용하게 되었다(Laura Peñaranda Currie, 2012: 54).

바르바꼬아스

식민 시기에 구 아바나 건축물 지붕의 높이는 3.5미터에서 5.5미터까지 점차적으로 높아졌다. 그러다가 18세기에 새로운 층이 등장했는데, 저택에 하인을 거주시키기 위해 중이층을 추가한 것이다. 이러한 층의 높이는

1.8-2.5미터로 낮았다.

20세기 들어와서 아바나에 주택이 부족해지자 많은 가정집이 오래된 집 내부에 중이층과 같은 역할을 하는 바르바꼬아스(barbacoas)라는 공간을 추가한다. 이는 방의 높이가 중간층을 넣을 수 있을 만큼 높을 때 거주 공간을 늘리기 위해 만든 공간이다. 일반적으로 나무나 가벼운 재질을 이용하며, 거의 수직에 가까운 사다리로 아래 공간과 연결했다(장수환, 2020b: 5-7).

아바나 현지인 인터뷰[23]에 의하면 일자리를 찾아 수도로 이주해 온 많은 사람이 아바나에서 새로운 거처를 마련하지 못한 채 지인이나 친척의 집에 머무는 상황인데 이는 노후 건축물의 상황을 더욱 어렵게 하고 있다고 한다. 노후화된 기존 주택에 바르바꼬아스와 같은 추가적인 공간을 만들어서 거주 공간을 늘리고 있는데 이는 이미 낡은 구조물을 더 위태롭게 하기 때문이다.

공공의 공간 등장과 도시 확장

공공 공간(public space)의 시작, 알라메다, 아베니다, 빠세오[24]

18세기 후반에서 19세기 초, 라틴아메리카에 거리로 된 공공 공간이 조성되기 시작한다. 기존의 좁은 거리인 까예와는 달리 이 새로운 길은 산책이나 행진 등 행사를 위해 이용되었다. 알라메다의 경계에는 구 아바나 까예에서는 볼 수 없는 가로수를 심었다. 이는 과거 200여 년의 아바나 도시 역사에서는 볼 수 없었던 획기적인 변화였다.

---

23) 아바나 현지 인터뷰(2018년 2월).

24) 장수환, 2020a에서 발췌.

알라메다(alameda)로 불린 이 길의 어원은 스페인어 'álamo(포플러)'에서 유래했는데, 이 나무를 가로수로 심었기 때문이다.[25] 그보다 더 넓은 길을 나타내는 빠세오도 알라메다와 마찬가지로 공공 공간이었다. 알라메다와 빠세오는 길의 형태와 상관없이 혼용되어 사용되었으며, 일반적으로 폭 6미터 정도의 길을 일컫는 아베니다도 때로는 까예와 구분 없이 쓰였다

1771-1776년에 아바나 만에 만들어진 알라메다 데 빠울라는 아바나 만의 첫 산책길(promenades)이다. 길의 이름은 인근의 산 프란시스꼬 데 빠울라 (San Francisco de Paula) 교회 이름을 따서 명명되었다.[26]

대 앤틸레스 제도에서 가장 큰 섬인 쿠바는 18세기 말부터 "세계의 설탕 그릇(world's sugar bowl)"이라 불릴 정도로 설탕 생산량과 무역량이 증가했다. 당시 쿠바에서 설탕 생산이 증가할 수 있었던 원동력은 이 섬에 비옥한 토지가 충분했고, 자본이 축적되어 있었으며, 무엇보다 착취할 수 있는 노동력이 있었기 때문이다. 또 영국령 아메리카 식민지 13개가 독립하면서 당시 이례적일 정도로 좋은 경제적·정치적 상황은 쿠바의 설탕 산업 성장을 이끈 동력이 되었다. 1783년 이후 독립전쟁을 통해 아메리카 연방으로 독립한 미국은 영국령 서인도 식민지(British West Indian Colonies)에서 열대의 생산품을 정기적으로 수입하기 시작했다. 이러한 우연한 상업적 기회는 1776년 스페인의 '스페인과 인디아스 사이의 자유무역 규정(Reglamento para el comercio libre de España a Indias)'에 의한 경제적 가능성을 더욱 확대하는 계기가 되었다. 이 규정에서 산티아고 데 쿠바, 뜨리니다드, 바따바노(Batabanó)와 같은 도시들은 스페인은 물론 중립적 연합 국가들과 자유무역을 할 수 있는 권한을 위임받았다. 게다가 1791년 프랑스령 생도맹그(French Saint-

---

25) https://en.wikipedia.org/wiki/Alameda

26) http://www.lahabana.com/guide/6112/

Domingue)에서 일어난 아이티 혁명으로 인해 열대 생산품을 공급하던 그 지역의 역할은 당시 노예를 쉽게 착취할 수 있었던 쿠바로 옮겨간다. 쿠바에서 유럽으로 가는 수출 무역은 때로는 직접적으로 이루어졌고, 때로는 아메리카의 '중간 지점'을 통해 이루어졌다. 쿠바의 설탕 무역은 프랑스혁명 기간과 나폴레옹 제국 시기(1804-1814/1815)에 점차 안정적으로 굳어졌다. 근대식 설탕 생산은 세계 최대 설탕 생산지였던 산토도밍고의 종말과 브라질의 쇠퇴와 함께 시작되었다. 산토도밍고에서 프랑스령 식민지 설탕 생산을 급작스럽게 끝낸 1792년 노예 반란 이전까지 쿠바의 설탕 제조업은 카리브해 설탕 경제에서 비교적 규모가 작았다(Barcia, 2007: 147). 1790년대는 쿠바의 설탕 플랜테이션 소유주에게 엄청난 기회의 시기였다. 설탕 가격은 치솟았고 스페인은 무역을 자유화했으며 새로운 기술이 발전해 효율적인 근대식 공장을 도입할 수 있었기 때문이다. 이 시기 동안 쿠바의 사회와 경제는 극적인 변화를 겪었다. 설탕과 커피 등 당시 엄청난 수요가 있던 기호 상품의 가격이 오르면서 쿠바는 상당한 이익을 봤다(Zanetti, O. et al., 1998: 4-5).

이러한 경제적 호황은 사적으로는 웅장한 저택으로 흘러 들어갔고, 공적으로는 도시 공간에 유입되었다. 아르마스 광장은 군사 퍼레이드 공간에서 공관 지구로 바뀌었다. 또한, 아바나 만을 끼고 공공 산책로가 놓였는데, 이 거리는 아바나 만 입구의 까스띠요 데 라 뿐따 인근 거리인 아베니다 까를로스 마누엘 데 세스뻬데스(Avenida Carlos Manuel de Céspedes)에서 시작한다. 길은 산 뻬드로(San Pedro), 아베니다 데 빠울라(Avenida de Paula)로 이어지고 마지막으로 데삼빠라도스(Desamparados)로 이어진다. 이 거리를 만들기 위해서 0.128제곱킬로미터 면적의 바다를 메웠다(그림 3-30).

아바나에 처음으로 등장한 이 산책로는 당시 유럽 도시에 영향을 받아 도입되었다. 스페인어인 아베니다(avenida)는 프랑스어인 아베뉴(avenue), 옛

[그림 3-30] 쁘라도의 위치와 까스띠요 데 라 뿐따 인근의 아베니다 까를로스 마누엘 데 세스뻬데스.
(출처: 구글 지도 위에 표시. 장수환, 2020a:133)

[그림 3-31] 알라메다 데 빠울라.

[그림 3-32] 산 프란시스꼬 데 빠울라 교회.

프랑스어인 'avenir(오다)'의 여성 과거분사, 라틴어의 'advenīre'에서 유래했다고 한다. 아베니다는 폭 6미터 정도인 거리를 말한다.

1664년 아바나의 주교 니꼴라스 에스떼베스 보르헤스(Nicolás Estévez Borges)는 산 프란시스꼬 데 빠울라에 바치는 교회이면서 여성을 위한 병원을 짓기로 한다. 1668년에 짓기 시작했고 1730년 허리케인으로 교회가 무너지자 10년 후에 바로크 양식으로 다시 지어졌다. 1907년 미국이 소유한 아바나 중앙철도 회사가 이 교회를 매입하여 창고로 사용하려고 했다. 그러나 다행히도 교회를 철거하려 한 시도는 쿠바의 역사가 에밀리오 로이그 데 로이센링(Emilio Roig de Leuchsenring)과 인류학자 페르난도 오르띠스(Fernando Ortiz) 등 지식인의 반대로 멈출 수밖에 없었다. 그러나 아바나 중앙철도 회사는 관련 당국의 승인을 얻어 여성 병원을 철거했다. 이 교회는 1944년에 국가 유물로 지정된다.

빠울라 교회는 추리게라 이전 바로크(Pre Churrigueresque Baroque) 양식으로 지어졌다. 부지는 세로가 가로보다 길고 가로와 교차하는 세로의 위쪽이 아래쪽보다 짧은 라틴 십자가 모양으로, 인근의 성 프란시스꼬 데 아시시 교회(Iglesia de San Francisco de Asís)와 형태가 유사하다. 중앙 아치와 양옆에 기둥이 있는 파사드는 전형적인 스페인 건축 양식이다. 정면에 있는 종루(belfry)는 왕관 형태이다.[27]

1750년부터 약 1세기 동안은 쿠바가 주요 역사적·사회적·경제적으로 급변한 시기였다. 쿠바는 지금의 아이티공화국에 해당하는 지역인 산토도밍고를 대체하여 가장 부유한 열대 식민지이자 스페인 사람들이 개인의 야망을 실현할 수 있는 가장 매력적인 장소로 부상한 것이다. 그 이전인 18세기 중반까지 쿠바 섬은 소규모 농업 정착민 공동체로 남아 있었으며, 가

---

27) http://www.lahabana.com/guide/iglesia-de-san-francisco-de-paula/

장 광범위하고 수익성 있는 상업 활동은 왕실이 독점한 담배의 재배와 수출이었다. 1774년에 이 섬의 전체 인구는 겨우 171,620명에 불과했다. 인구 대부분이 해안을 따라 일정한 간격으로 전략적으로 배치된 소수의 마을에 살았다. 소규모 주택과 비포장도로는 쿠바 섬의 북서쪽에 있는 아바나와 남동부에 있는 산티아고 데 쿠바에 집중되어 있었다. 1861년 전체 인구는 1,396,530명으로 약 8배 증가했다. 아바나(196,847명), 산티아고 데 쿠바(36,752명)에는 이름과 번호가 매겨진 주택 거리가 조성되었고 이 도시들은 부유한 저택이 들어선 번화한 국제적 항구 도시로 발달했다. 까르데나스(Cárdenas), 시엔푸에고스(Cienfuegos), 구아나바꼬아(Guanabacoa), 마딴사스, 뿌에르또 쁘린시뻬(Puerto Principe), 산끄띠 스삐리뚜스(Sancti Spiritus), 뜨리니다드, 비야 끌라라(Villa Clara) 등 다른 8개 마을에는 각각 1만 명 이상의 주민이 살고 있었다. 내륙 도시인 뿌에르또 쁘린시뻬, 비야 끌라라, 산끄띠 스삐리뚜스의 인구는 각각 30,685명, 10,511명, 12,853명을 기록했다. 구아나바꼬아는 빠르게 아바나의 교외 지역으로 성장했다(Knight, 1977: 231-233).

1700년대 후반에 번성하기 시작한 노예 기반 수출 중심의 플랜테이션을 통한 경제 성장은 민간 주택과 도시의 건축 환경에 반영되었다. 특히 안또니오 마리아 데 라 또레(Antonio Maria de la Torre)는 1817-1819년의 도시 확장 계획인 '쁠란 데 엔산체'에서 도시 방벽 내 구 아바나와 방벽 바깥의 근교를 연결하는 계획을 제시했다. 1830년대에 이르자 끄리오요들은 구 아바나 방벽을 넘어 남서부로 뻗어나간 깔사다 델 세로를 따라 정착했다. 그들은 이곳에 신고전주의 빌라를 짓기 시작했다. 1834-1838년 총독인 미겔 데 따꼰은 아바나에서 공공사업을 활발히 추진했는데, 이 시기에 아바나에는 넓게 쫙 뻗은 거리, 분수와 조각들로 장식된 보행로 등이 들어섰다. 거리를 넓히고 도로를 새로 포장하고, 시장, 극장, 심지어 교도소까지 새로 지었다. 이는 사탕수수 무역에서 나온 재정적 뒷받침이 있었기에 가능했다.

1870년대까지도 쿠바의 설탕 생산은 절대적으로 노예제에 의지하고 있었다. 1877년 쿠바의 주요 설탕 생산 지역에 있는 소규모 사탕수수 공장(ingenio)에서 일하던 노동자 중 70%는 노예였고 주로 마딴사스 지방에 있었다(Laird W. Bergad, 1989: 96).

구 아바나 바깥쪽으로 확장: 깔사다, 아베니다, 빠세오

1772년 도시 방벽의 바깥쪽으로 큰길이 놓이는데 이를 알라메다 이사벨 2세(Alameda Isabel II)로 이름을 붙였다. 이 거리 이름은 이후에 빠세오 델 쁘라도와 빠세오 마르띠(Paseo Martí)로 변경되었다. 지금 보고 있는 이 거리는 1928년에 개조된 것이다(그림 3-33).

도시가 점차 도시 방벽의 밖으로 확대되어 나가면서 구 아바나의 남서쪽으로 포장도로인 깔사다가 깔렸다. 깔사다는 아바나 확장의 주요 통로가 되던 길로 차가 통행할 수 있는 4-6차선 도로이다. 자유를 얻은 노예를 포함해 빈곤 계층은 방벽 내 도시의 남쪽 끝과 방벽 외곽 남서부에 거주했다. 도시에 물자를 공급하던 근교의 배후지를 연결하는 도로를 따라 손가락 모양으로 아바나는 팽창해 갔다. 1700년대까지 도시 안에 거주하는 귀족들은 바로크 양식으로 저택을 치장한 반면 19세기 초반인 1830년대 즈음 끄리오요들은 깔사다 델 세로를 따라 신고전주의 빌라(까사스 낀따스, casas quintas)를 짓기 시작했다. 이러한 모습은 아바나의 새로운 거리 경관이었고 좁은 거리(까예)로 연결된 방벽 안 도시 특성과 분명한 대조를 이루었다.

1830년대 끄리오요 귀족들은 구 아바나의 남서쪽으로 이동하여 정착했다. 또한, 깔사다 인판따(calzada de Infanta)와 깔사다 디에스 데 옥뚜브레는 방벽을 넘어 도시가 서부와 남부로 확장하는 통로가 되었다. 19세기에 끄리오요 귀족들은 신고전주의 양식의 주택을 선호했는데, 이는 오늘날의 아바나에서 매우 흔히 볼 수 있는 양식이다. 특히 베다도 지역에서 이 양식의

[그림 3-33] 빠세오 쁘라도.

[그림 3-34] 깔사다 인판따.

저택을 쉽게 볼 수 있다. 베다도 지역은 해안선에 인접한 서쪽의 교외 지역으로 1859년 철저한 계획 아래 개발되어 독립 이후에 호황을 누린다. 혁명 이후 원래의 토지 소유자들 대부분은 그들의 저택에서 떠났고, 이 건물들은 학교나 정부 청사로 사용되고 있다.

아바나는 미겔 데 따꼰 총독의 임기(1834-1838)에 획기적으로 변했다. 이 시기 아바나의 도시 경관은 넓게 뻗은 거리, 분수와 조각들로 장식된 보행로 등을 갖추게 된다. 아바나의 도시 지역은 말레꼰에서부터 점차 내륙 쪽인 센뜨로 아바나로 확장되어 갔다. 당시 토지가 방벽 안보다 상대적으로 풍부하던 새로운 확장 지역인 센뜨로 아바나에 해안선과 평행하게 두 주요 도로인 산하와 좀 더 내륙 쪽의 아베니다 살바도르 아옌데가 만들어졌다. 이 역시 1836년 총독 미겔 데 따꼰의 지시에 의해 만들어진 거리로, 까스띠요 델 쁘린시뻬(Castillo del Príncipe)까지 이어진다(Alfredo José Estrada et al., 2007: 100). 이 길의 이름은 원래는 빠세오 데 따꼰(Paseo de Tacón)이었다가 나중에 아베니다 데 까를로스 3세로 바뀐다. 다시 아베니다 살바도르 아옌데로 바뀌었지만, 아바나 시민들은 여전히 아베니다 까를로스 3세로 부르고 있다. 아바나에는 이렇게 혁명 후 붙여진 공식적인 거리 명칭과 일반적으로 더 자주 불리는 옛 명칭이 섞여서 쓰이는 경우가 종종 있다.

1863년 방벽이 무너지고 도시는 더욱 확장되었다. 〈그림 3-36〉은 1899년 아바나의 거리 포장 상태를 보여주는 것으로, 벽돌 포장과 쇄석 도포장을 나타낸 것이다. 구 아바나의 길은 벽돌로 포장되었으며, 센뜨로 아바나와 구 아바나 남서부와 베다도 지역에 쇄석 포장이 집중되었다.

19세기 아바나의 도시 성장은 꾸준한 경제적 성장이 뒷받침하여 가능했다. 도시는 그 어느 때보다도 팽창했고, 거리는 뻗어나가면서 연결되었다. 애국협회(Real Sociedad Patriótica de la Habana)와 같은 진보적인 단체들은 과학, 기술, 행정 분야에서 개방적인 분위기를 선호했고, 이는 쿠바를 세계 다

[그림 3-35] 구글 이미지에 표시한 도시 확장 주요 통로.(출처: 구글 이미지에 저자 표시)

[그림 3-36] 1899년 아바나 계획.(출처: https://havanaspecialperiod.wordpress.comhistorycolonial-era)

른 지역과 더욱 밀접하게 연결되도록 했다. 또한, 백인, 혼혈, 흑인 등의 여러 인종이 융화되면서 다양성과 개방성을 특징으로 하는 풍부한 문화를 생산해 냈다(신정환, 2004: 71). 건축에서는 신고전주의를 새로운 건축 양식으로 받아들여 질서, 이성, 완성에 대한 동경을 표현했다(Pérez Hernandez & Julio Cesar, 2008).

역사가 숨 쉬는 장소들

라껠 호텔

까예 아마르구라(Calle Amargura)와 산 이냐시오(San Ingnacio) 거리가 교차하는 곳에 있는 라껠 호텔(Hotel Raquel)은 아바나의 유대인 구역이던 곳에 1908년 베네수엘라 출신의 유명 건축가 나랑호 페레르 빠울리노(Naranjo Ferrer Paulino)가 설계한 것이다. 원래 이 자리에는 하루꼬 백작 부인(Countess of Jaruco)과 비얄바 후작 부인(Marquesa de Villalba)이 소유한 식민 시기의 건물 두 채가 있었지만, 1905년부터 1908년까지 지금의 건물이 새로 들어선다. 바로크 양식의 3층 건물로, 상업용으로 이용되다가 1960년에 국가수산연구소(Instituto Nacional de la Pesca)와 쿠바산 따바꼬 회사(Empresa de Acopio de Cuba-Tabaco)가 입주했는데, 건물 상태는 이미 매우 낙후되어 있었다. 1970년에 재건축 과정을 거치고[28] 2003년 6월에 다시 개조·보수하여 현재는 객실이 20여 개인 호텔로 이용되고 있다. 나뭇잎 등을 철로 형상화한 아르누보 건축 양식이 쓰였으며, 정면은 현란한 기교보다는 절제된 새로운 추리게라식(neo-Churrigueresque)으로 지어졌다. 로비는 기둥으로 채워져 있으며, 창은

---

28) https://www.ecured.cu/Hotel_Raquel

[그림 3-37] 라껠 호텔의 외부(위)와 내부(아래).

스테인글라스로 장식되어 있다.[29]

산 아구스띤 혹은 산 프란시스꼬 엘 누에보 교회

산 아구스띤 혹은 산 프란시스꼬 엘 누에보 교회(Iglesia de San Agustín o San Francisco el Nuevo)는 1608-1663년에 지어졌다. 까예 쿠바(Calle Cuba)에 있는 이 교회의 주요 건축 양식은 르네상스 양식이다. 1842년에 교회는 프란시스꼬회 재산으로 귀속했다. 그 후 1866년에 프란시스꼬회는 교회의 재산을 정부 소유로 바꾸는 스페인의 세속화(secularization) 법 때문에 교회를 떠나야 했지만, 1896년에 주교구 주교(Obispo Diocese)에 의해 복귀했다. 1919년 파손된 교회는 1925년에 수리를 거쳤다. 프란시스꼬 수도회는 쿠바혁명 이후 1966년에 다시 한번 정권에 의해 교회를 포기해야 했다. 당시 이 교회뿐 아니라 모든 교회가 폐쇄됐다. 1987년에 이르러 교회를 다시 열 수 있었지만, 2002년에 개보수를 시작하면서 일반 대중에게 공개되지 않다가 2008년에 다시 교회로 이용되기 시작했다.

산또 앙헬 꾸스또디오 교회

산또 앙헬 꾸스또디오 교회(Iglesia del Santo Ángel Custodio)는 17세기 후반에 지어졌다가 18세기 중반에 양 측면부를 좀 더 확장했다. 그러나 1844년에 허리케인에 의해 심각하게 파손된 이후 1866년에서 1871년 사이에 작고 뾰족한 탑이 특징인 아름다운 고딕 복고 양식(Gothic Revival style)으로 지어졌다. 교회의 입구는 까예 꼼뽀스뗄라(Compostela)로, 더 큰 문은 아베니다 데 라스 미시오네스(Avenida de las Misiones (Monserrate)로 나 있다. 쿠바 독립의 영웅이자 쿠바혁명에 영향을 끼친 호세 마르띠(José Martí, 1853-1895)가 여기서

---

29) http://www.lahabana.com/guide/raquel/

[그림 3-38] 까예 쿠바에 위치한 산 아구스띤 교회의 모습.

[그림 3-39] 탑의 모습이 두드러진 산또 양헬 꾸스또디오 교회 모습.

세례를 받았다.

남부 지역

구 아바나 남부 지역은 "교회 구역(distrito eclesial)"으로 알려져 있을 정도로 아바나의 상징적인 종교 건축물이 모인 장소이다. 꼰벤또 에 이글레시아 데 누에스뜨라 세뇨라 데 벨렌(Convento e Iglesia de Nuestra Señora de Belén), 안띠구오 꼰벤또 데 산따 끌라라(Antiguo Convento de Santa Clara), 꼰벤또 데 누에스뜨라 세뇨라 데 메르세드(Convento de Nuestra Señora de Merced)와 같은 종교 시설이 꼼뽀스뗼라, 쿠바, 아꼬스따(Acosta) 등의 거리에 몰려 있다. 꼰벤또 데 누에스뜨라 세뇨라 데 메르세드는 자비의 성모교회로 1865-1867년 사이에 지어졌다. 그보다 훨씬 이전인 1630년에는 이 터에 이미 교회 시설의 일부가 있었고, 1834년에는 교회를 관세품 창고로 이용하다가 1863년에 다시 교회로 소속을 넘겼다. 당시 신부였던 헤로니모 발데스(Gerónimo Valdés)가 주축으로 성전 재건에 착수했고 1867년에 지금의 성당 모습을 갖추었다.

꼰벤또 에 이글레시아 데 누에스뜨라 세뇨라 데 벨렌은 꼼뽀스뗼라, 루스(Luz), 그리고 아꼬스따 거리의 끝에 위치하며, 아바나 최초의 바로크 양식 건물이다. 두꺼운 돌담, 아치형 목재 마감이 있는 대형 창문, 입구 기둥등 단순하지만 풍부한 장식을 가진 내부 안뜰이 특징이다. 아바나에서 가장 큰 종교 건물 단지로 저명한 주교 디에고 에벨리노 데 꼼뽀스뗼라(Diego Evelino de Compostela)가 17세기 말에 건축을 시작하여 1704년에 설립했다. 병원과 교회의 공사는 1712년에 시작되었고 1720년에는 첫 번째 회랑이 포함된 학교와 병원이 완공되었다. 베들레헴 교단의 수녀와 부모들이 감독한 이 기관은 1718년 어린이와 청소년의 초등 교육에 이용되었으며, 1854년 전체 건물이 아바나 왕립대학 설립을 위해 예수회에 인계될 때까지 무료로 운영되었다. 19세기 말까지 이 건물은 열대 지역에서 몇 안 되는 기상관측

소였다. 1857년 3월 1일부터 온도계 판독값과 아바나에 내린 비에 대한 체계적인 기록이 보관되기 시작했다. 20세기 초반 10년 동안 이 건물은 리모델링되었다. 1996년 교회로 다시 회복되었고, 쿠바 최초의 기상 박물관이 위치했던 건물의 북서쪽 타워 등의 공간이 복원되었다.

구 아바나 바깥쪽 주요 경관

도시 방벽을 따라 성벽 외부에는 독특한 부지들이 생겨났는데, 까삐똘리오(Capitolio)뿐 아니라, 베야스 아르떼스 박물관(Museo de Bellas Artes), 아바나 연구소(Instituto de La Habana), 발보아 궁전(Palacio de Balboa), 알다마 궁(Aldama Palace) 등과 같은 기념비적인 건물이 그 자리를 차지했다.

아바나를 형성하고 변화시켜 온 식민 역사가 이 도시에 축적되어 왔다. 물론 1600년대 이미 형성된 도시 블록은 이후로도 아주 미미한 변화만 겪은 채 더딘 과정을 통해 약간만 수정되었다. 그러나 블록 격자 안에서 부지는 세분화되어 왔다. 제한적인 토지 위에서 블록은 병합·분할·정리되었다.

도시에서 사람과 물자, 정보의 이동 통로는 좁은 거리에서 상대적으로 넓은 거리로 발전했다. 거리는 단순히 이동만을 위한 것은 아니었다. 경제적 부가 축적되면서 군사적 퍼레이드 등을 위한 과시적인 공간이기도 했으며, 상대적으로 자유로운 유럽의 영향을 받아 공공 공간이 조성되자 산책 등을 즐기는 여가 공간이 되었다.

빠세오 델 쁘라도는 1772년 마르께스 데 라 또레(Marques de la Torre) 총독 시절에 만들어졌는데, 이름은 시기에 따라 빠세오 데 이사벨 2세(Paseo de Isabel II), 빠세오 데 마르띠(Paseo de Marti) 등으로 변화를 겪었다. 당시 알라메다 데 빠울라, 빨라시오 데 로스 까삐따네스 헤네랄레스 등 구 아바나 지역에 주요 건물들이 지어졌고, 방벽 너머로 아바나는 팽창하고 있었다. 총독은 방벽 바깥쪽으로 행진길(promenade)을 계획했고, 그렇게 만들어진 쁘라도

[그림 3-40] 까예 아꼬스따.

[그림 3-41] 꼰벤또 에 이글레시아 데 누에스뜨라 세뇨라 데 벨렌.

(출처: https://www.radiohc.cu/articles/cropped/0PI2-81286248-iglesia-convento-belen.jpg)

는 아바나의 새로운 중심이 되었다. 1884년 쁘라도를 개보수하면서 가로등을 설치하고, 도로를 포장하고, 벤치를 놓았다. 이 길의 양옆으로 화려한 건축물이 들어서기 시작했다.

이 길은 1900년대 초기 다시 한번 변신했다. 당시 이 거리는 상류층이 선호하는 거주지였다. 아바나에 거주하던 부호들은 외국의 영향을 받아서 주택들을 짓기 시작했다.

아바나에서는 20세기 초 약 30년 동안 엄청난 건축 붐이 일어났다. 프랑스 파리의 정원과 길, 공원 등을 계획한 도시계획가 장 클로드 니콜라 포르스티에는 1925년 아바나에 와서 5년 동안 건축가와 도시 경관 설계자들과 함께 도시계획을 세웠다. 그는 고전적인 양식과 열대지방의 경관의 조화로운 균형을 이루고자 했다. 또한, 그의 계획에서는 아바나 시의 도로들을 연결하는 동시에 주요 랜드마크를 강조했다. 지금의 쁘라도는 1928년에 개보수된 것이다. 비록 1929년 대공황 때문에 축소되었지만 포르스티에의 마스터플랜은 아바나의 도시 공간에 지대한 영향을 끼쳤다. 포르스티에의 미화 확장 계획(Plan de Embellecimiento y Ensanche)에 따라 현재의 방벽 바깥 이미지가 만들어졌다. 여기에는 빠세오 델 쁘라도, 빠르께 센뜨랄, 빠르께 데 라 프라떼르니다드(Parque de la Fraternidad), 까삐똘리오 나시오날 등 대표적 건축물과 아베니다 델 뿌에르또와 같은 공공 공간이 포함된다. 쁘라도 거리에 주요한 상징물인 여덟 개 청동 사자상, 대리석 벤치, 가로등이 들어섰다. 사자상은 과거 해적에게서 도시를 보호했던 대포의 청동을 주조하여 만든 것이다.

쁘라도는 뿐따 인근의 해변 도로인 말레꼰에서 시작하여 약 2킬로미터에 이르는데, 뿌엔떼 데 라 인디아 오 노블레 아바나(Fuente de la india o noble habana, 인디언 여자 아바나 분수대)와 바로 옆 '형제애의 공원(Parque de la Fraternidad)'에서 끝이 난다.

[그림 3-42] 빠세오 델 쁘라도의 사자상.
[그림 3-43] 빠세오 델 쁘라도. 빠세오는 길의 중앙에 큰 통행로가 공원처럼 조성되어 있고 그 양쪽에 차선이 있는 것이 특징이다.

[그림 3-44] 뿌엔떼 데 라 인디아 오 노블레 아바나. 원주민 신화 속의 추장인 아바구아넥스의 아내인 아바나를 모 티프로 한 분수대이다. 1837년 이탈리아 건축가인 주세페 가기니가 설계했고 이탈리아 북서부 토스카나 주의 카라라 에서 대리석을 가져와 만들었다. 조각 속 여자는 왼손에는 풍요의 상징인 과일을 들고 오른손에는 방패를 들고 있다.
[그림 3-45] 베다도 지역의 빠세오. 넓게 조성되어 있는 중앙의 도보길 양쪽에 도로가 있다.

방벽 너머 빠세오 델 쁘라도가 만들어지고 이후 더욱 서쪽으로 도시 영역이 확장되었다. 이 거리는 센뜨로 아바나와 구 아바나의 경계가 되는데, 이 거리의 서쪽이 센뜨로 아바나이며 동쪽이 구 아바나이다.

아베니다는 폭이 6미터 정도 되는 거리인데, 이러한 정의는 항상 그런 것은 아니다. 폭이 6미터에 이르는 길을 까예로 부르기도 하며, 차선과 차선 사이 중앙에 넓은 보행로가 있는 거리를 빠세오라 하지 않고 아베니다로 부르기도 한다. 예를 들면 구 아바나 지역을 벗어나 베다도 지역으로 23번 길(Calle 23)을 따라 걷다 보면 아베니다 데 로스 쁘레시덴떼스(Avenida de los Presidentes)라는 큰 거리가 나오는데, 이 아베니다의 경우는 빠세오가 붙지 않은데도 넓은 보행로가 양 도로의 중앙에 공원처럼 조성되어 있다.

까삐똘리오 나시오날

1910년에 처음에는 대통령궁으로 건설되다가 입법부 건물로 변경하기 위해 건설을 중지했다. 1926년에 도시계획(General Machado's City Embellishment Plan)에 따라 다시 건설하기 시작했다. 프랑스에서 만들어진 장식물들로 벽과 천장, 문과 램프 등을 장식했다. 청동으로 장식된 정문은 엔리께 가르시아 까브레라(Enrique García Cabrera)가 디자인했으며 쿠바의 역사를 묘사하고 있다. 정원은 포르스티에가 설계했다. 건축 양식은 절충 양식으로,[30] 돔의 높이는 62미터이고, 쁘라도 거리에 있다. 절충주의 건축 양식은 센뜨로 아바나에서 시작되었는데, 다른 대표적인 건물로는 중앙철도역(Estación de ferrocarriles de la Haban, 1912)과 혁명박물관(Museo de la Revolución, 1920)이 있다.

---

30) http://www.lahabana.com/guide/capitolio/

[그림 3-46] 까삐똘리오 나시오날.

[그림 3-47] 혁명박물관.

[그림 3-48] 그란 떼아뜨로 데 라 아바나 알리시아 알론소.

[그림 3-49] 중앙철도역(1918년).(출처: 국립도서관 기록실, 아바나)

[그림 3-50] 알다마 궁.

그란 떼아뜨로 데 라 아바나 알리시아 알론소

빠르께 센뜨랄 건너편에 있는 그란 떼아뜨로 데 라 아바나 알리시아 알론소(Gran Teatro de la Habana Alicia Alonso)도 대표적인 절충주의식 건축물이다. 1914년에 따꼰 극장(Tacón Theatre, 1838)과 그 주변을 구입하여 미국 회사인 퍼디헨더슨(Purdy & Henderson)에 위탁하여 한 구획 전체에 센뜨로 가예고(Centro Gallego, 과거 이름)를 건설했다. 내부는 따꼰 극장의 오래된 건축 요소와 새로운 건축 요소를 통합하여 건설했고, 정면은 대리석과 청동 조각과 석조 장식으로 치장했다. 정면에는 자선, 교육, 음악, 연극을 의미하는 주세페 모레티(Giuseppe Moretti)의 흰색 대리석 조각 4개가 있다. 연중 국제 행사개최 장소로 이용되고, 쿠바 국립 발레단(Ballet Nacional de Cuba)도 같은 건물을 사용하고 있다.

알다마 궁

바로크와 로코코 건축 양식의 유행을 넘어 근대 건축 양식에 이르는 과도기인 18세기 후반에서 19세기 말에는 신고전주의, 고딕 복고, 절충주의 건축 양식이 유행했다. 18세기 중후반 급속히 성장한 설탕과 커피 산업이 아바나의 건축 양식 발전에 결정적인 역할을 했다. 부유한 아바네로스(Habaneros, 아바나 태생)들은 프랑스에서 받은 영감을 건축물에 반영했다. 그중 하나인 알다마 궁(Palacio de Aldama, 1844)에서 당시 상류 계층의 주택의 인테리어를 엿볼 수 있다. 이 궁은 쿠바에서 가장 중요한 신고전주의 건축물로 평가받는다. 이 석조 건물의 거실은 100명 이상이 연회를 할 수 있을 정도로 크다. 정문은 2층 높이로 되어 있는데, 지층과 중이층을 합한 높이다. 전형적인 신고전주의 건물임에도 불구하고 바로크 양식과 르네상스 양식이 혼합되어 있다. 1987년 이후로 이 건물은 쿠바 역사 연구소(Instituto de historia de Cuba)로 이용되고 있다.

말레꼰

아바나와 바다 사이에 놓인 방조제에 인접하여 만들어진 길이 7킬로미터인 도로이다. 말레꼰은 구 아바나에 있는 요새 까스띠요 데 라 뿐따에서 베다도의 알멘다레스 강(Río Almendares) 입구에 걸치는 해안 지역에 건설되었다. 말레꼰의 첫 이름은 아베니다 델 골포(Avenida del Golfo)이다. 말레꼰 사업이 시작된 해는 1901년이었다. 〈그림 3-51〉의 1구간을 마친 후에 말레꼰 건설 사업이 다시 시작된 것은 1921년이었고, 그것도 잠시 멈추었다가 1930년대에 사업이 이어졌다.[31] 마지막 공사가 끝난 것은 1959년 6월 3일이었다. 60년에 걸쳐 지금 우리가 보는 말레꼰이 건설된 것이다. 오랜 기간에 건설되었기 때문에 구간마다 건설 형태가 다르다. 말레꼰에서 구 아바나와 센뜨로 아바나에 이르는 1구간과 2구간이 먼저 건설되었는데, 이 구간 공사는 1925년경에 마친다. 말레꼰에서 이 부분이 가장 오래되어 취약하다(L. C. la Gasse et al., 2015: 5). 말레꼰 지역은 잦은 범람으로 건축물이 피해를 입어왔다. 기록에 의하면 1886-2000년 사이 대서양에서는 열대성 허리케인과 폭풍이 매년 평균 10여 차례 발생해 왔다. 최근에는 기후변화 추세와 맞물려 횟수와 강도가 증가하고 있다고 한다. 말레꼰 지역의 건축물이 피해에 취약한 이유는 이 지역이 해발고도가 낮아 도시가 해안과 가깝다는 점이다. 또 자연적인 배수 체계 역할을 해야 할 유역에 도시가 발달한 것이 침수의 원인이다. 물리적·지리적으로 범람에 매우 취약한 지역인 데다가 이 지역의 건축물에 대한 관리가 부족한 점도 그동안 건축물의 상태가 악화된 원인이다. 말레꼰의 주변에 들어선 18-19세기 건축물에서 20세기 건축물에 이르기까지 건축물의 입구, 기둥, 벽기둥에 다양한 양식이 혼합되어 있다. 특히 센뜨로 아바나의 해안가에 지어진 건물은 100여 년 동안 폭풍우와 염분을 품은

---

31) http://www.lahabana.com/guide/the-malecon/

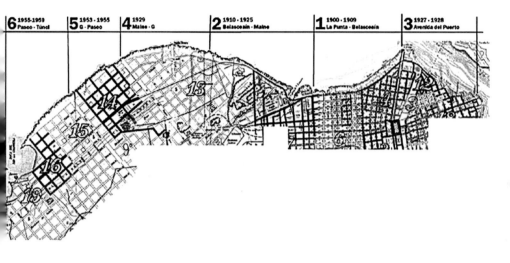

6 1955-1959
Paseo · Túnel
5 1953 · 1955
G · Paseo
4 1929
Maine · G
2 1910 · 1925
Belascoaín · Maine
1 1900 · 1909
La Punta · Belascoaín
3 1927 · 1928
Avenida del Puerto

[그림 3-51] 말레꼰의 건설 단계.(출처: https://themuseumoftourism.org)

[그림 3-52] 말레꼰 지역의 부식된 건물 외벽.

공기에 노출되었기 때문에 손상되는 일이 흔히 일어났다. 1995년부터 아바나 역사사무소는 말레꼰 지역을 중심으로 건물을 복원하고 있다.

차이나타운

라틴아메리카에서 가장 크고 중요한 차이나타운(El Barrio Chino)이 아바나에 있다. 1847년에서 1874년 사이 중국인 15만여 명이 노동자나 이민자로 아바나에 도착했다. 20세기 초반에 이미 약 1만 명의 중국인이 이 지역에 거주하고 있었다. 지금 이곳에는 이국적인 물품을 파는 식료품 잡화점, 신발 가게, 과일 가게, 작은 식당, 세탁소 등을 비롯해 다양한 가게가 있다.

이주 초기에는 중국인이 중국인과 결혼하는 관습에 충실했지만 점차 다른 인종과 결혼했고, 오늘날 대부분의 중국계 쿠바인들은 중국 출신의 조상과 스페인인과 아프리카인의 핏줄이 섞인 혼혈이다.

베다도

베다도 지역은 구 아바나와 센뜨로 아바나와 비교해 보면 분산된 도시 배열을 가지고 있다. 빽빽이 들어선 식민지 양식의 건축물과 광장, 좁은 거리가 특징인 구 아바나와, 구 아바나보다는 길이 넓지만 여전히 벽을 공유하는 다가구 주택이 즐비한 센뜨로 아바나에 비하면, 베다도 지역은 좀 더 넓은 면적에 개인 주택이나 다가구 주택이 들어섰으며, 거리에는 가로수가 서 있다.

베다도 지역은 원래 나무가 울창하고 석회암이 많은 구릉지였다. 17세기 '금지된 구역'을 의미하던 '베다도'는 당시 구 아바나 지역을 방어하기 위해 일반적인 접근이 봉쇄된 군사 지역이었다. 그러나 1858년에 이르러 접근 제한이 없어지고 해풍이 잘 통할 수 있도록 북서-남동 방향으로 파리 스타일의 넓은 가로가 놓였다. 이 길은 직각을 이루는 격자망 레이아웃으로 되어 있으며, 넓은 가로수 길과 공원이 일정한 간격으로 계획되었다.

[그림 3-53] 차이나타운.

[그림 3-54] 나시오날 데 쿠바 호텔.

스페인-미국 전쟁(Spanish-American War, 1898)에서 승리한 미국의 투자자들은 쿠바 개발에 본격적으로 돈을 쏟아부었다. 신고전주의식 건축물, 이탈리아 르네상스식 건축물에서 아르데코와 현대식 건축물까지 지어졌다. 아르데코 양식은 1927년 미라마르(Miramar) 거주 구역에서 유행하기 시작했다. 나시오날 데 쿠바 호텔(Hotel Nacional de Cuba, 1930)에 이은 에디피시오 바까르디(Edificio Bacardi, 1930)는 아바나 시에서 아르데코 건축 양식의 대표적인 사례이다. 이 건축 양식은 미라마르뿐 아니라 마리아나오(Marianao), 그리고 베다도의 부유한 지역에서도 유행했다.

1950년대 지어진 몇몇 호텔을 따라 들어선 높은 사무용 건물과 아파트 단지들은 아바나의 낮은 스카이라인을 변화시켰다. 혁명 이후 주택 부족에 대응하기 위해 쿠바 정부는 도시의 교외에 특징이 없는 큰 주택단지를 지었다. 이러한 소비에트 스타일의 현대식 건축물은 호화로운 바로크 양식 또는 신고전주의식 건축물과는 매우 대조를 이루었다. 그러나 대형 주택단지의 출현 덕분에 결과적으로 구도심의 식민 시대 건축물이 그대로 보존되는 데 기여했다.

베다도 지역에서 유명한 건물로는 아바나 리브레 호텔(Habana Libre, 1958. 혁명 전 힐튼 호텔), 23번 길의 라 람빠 극장(La Rampa, 1955), 베다도 지역에서 초기의 상업 시설인 호텔 리비에라(Hotel Riviera)를 들 수 있다. 이 호텔은 21층으로 지어진 1950년대 라스베가스(Las Vegas) 스타일의 현대식 건물로, 당시 아바나에서 가장 큰 카지노를 갖춘 호텔 중 하나였다. 카지노로 생긴 이익은 그 시기 많은 정치인의 주머니로 들어갔다(K. Edge et al., 2006: 96). 아바나 리브레 호텔과 호텔 까쁘리(Hotel Capri)도 당시의 마피아와 관련이 있었다. 혁명 전 아바나의 대형 호텔과 카지노들이 대부분 이곳에 있었다.[32]

---

32) http://www.lahabana.com/guide/havana-guide-home/places-in-havana/places-in-old-havana/

[그림 3-55] 베다도 지역. 쿠바 보건부 건물(앞)과 리브레 호텔(뒤).

[그림 3-56] 에디피시오 폭사.(출처: 위키피디아)

발터 그로피우스(Walter Gropius), 리하르트 노이트라(Richard Neutra), 오스카르 니에메예르(Oscar Niemeyer)와 같은 유명한 건축가들이 아바나를 거쳐 갔다. 르 코르뷔지에(Le Corbusier)와 루트비히 미스 반 데어 로에(Ludwig Mies van der Rohe)는 당시 아바나에 강한 인상의 건축물들을 남겼다. 에디피시오 폭사(Edificio Focsa, 1956)는 아바나의 경제적 우위를 잘 보여주는 건축물이다. 르 코르뷔지에가 창안한 35층짜리 주상복합건물로, 아파트 400여 호, 창고, 학교, 슈퍼마켓, 맨 위층에는 레스토랑이 있다. 당시 세계에서 두 번째로 높은 콘크리트 철재 프레임 건물이었으며, 사치와 과잉의 상징이기도 했다.

아바나대학교

베다도에 지어진 아바나대학은 신고전주의 건축 양식을 따르고 있으며, 정면의 계단에는 모교(Alma Mater)를 의미하는 조각상이 1919년에 세워졌다. 아르데코 양식의 도서관이 1936년에 추가되었고, 오늘날 캠퍼스에는 혁명군들이 산따끌라라 전투(1958)에서 이용했던 탱크와 더불어 조각상들이 있다. 대학은 1950년대 초에 반정부 시위의 중심에 있었고 1956년 바띠스타(Batista) 정부에 의해 문을 닫은 적도 있었다.

한편 아바나대학교의 전신인 산 헤로니모대학(University College of San Gerónimo)은 쿠바의 60여 개 대학 중에서 가장 오래되었고, 라틴아메리카에서도 가장 오래된 대학 중 하나이다. 1721년 교황 이노첸시오 13세(Innocent XIII)와 스페인 왕 펠리뻬 5세(Philip V)에 의해 만들어졌다. 원래 대학 이름은 아바나대학교(Universidad de la Habana)였으나 1902년에 베다도 구역 아로스떼기(Aróstegui) 구릉지로 아바나대학이 옮겨 갔다. 구 아바나에 남게 된 본래의 대학 건물은 정부가 다양한 용도로 계속 이용하다가 다시 대학 건물로 변경되었고, 2007년에는 헤로니모대학교로 리모델링을 시행했다. 이 과정에서도 중요한 역사적 모습은 유지했는데 그 예로 1721년에 지어진

[그림 3-57] 베다도 지역에 있는 아바나대학교.

[그림 3-58]
구 아바나에 있는 산 헤로니모대
학교.

아바나대학교의 종탑이 남아 있다. 〈그림 3-58〉을 보면 종탑 옆의 대학 건물을 현대식 건물로 재건축하면서 외벽 일부를 유리로 하여, 바로 옆에 있는 역사적 건물인 빨라시오 데 로스 까삐따네스 헤네랄레스를 담아 현재와 과거가 조화를 이루도록 설계했다.

23번 길

23번 길(Calle 23)은 말레꼰에서 아베니다 사빠따(Zapata)에 이르는 길이다. 까예로 부르지만, 구 아바나의 까예에 비교하면 훨씬 넓은 4차선 이상의 길이다. 23번 길은 베다도 구역에서 가장 중심적이고 번잡한 거리이다. 바다에서 시작한 이 거리는 미라마르와의 경계인 알멘다레스(Almendares) 강에서 끝난다. 23번 길은 아베니다 데 로스 쁘레지덴떼스와 빠세오(Paseo)와 교차하고, 극장, 저택, 클럽, 정부 부처, 시가 공장과 같은 중요 건물들이 들어서 있다. 이 길은 베다도를 동쪽에서 서쪽으로 가로지르는 길로 이 지역의 동맥과 같은 기능을 해왔다.

낮은 아파트와 공원, 상업 지역이 길 양옆에 섞여 있다. 작은 공원에는 세르반떼스(Miguel de Cervantes)의 소설 속 주인공인 돈키호테(Don Quixote)가 옷을 입지 않은 채 앞발을 들고 선 그의 말 로시난떼(Rocinante)에 올라탄 조각상이 있다. 베다도 지역의 랜드마크는 넓은 도로와 가로수다. 23번 길을 직각으로 잇는 까예들에 가로수가 늘어서 있고 주택들이 들어서 있다. 베다도를 계획한 19세기에 이 지역의 가로수를 랜드마크로 활용했지만, 가로수가 크게 자라 보행자의 시야를 방해하기도 한다. 가로수를 조성했던 당시에 그 정도로 크게 자랄 것이라 생각하지 못했을 것이라고 현지 주민이 설명하기도 했다. 12번 길에서 23번 길의 남부는 사빠따 길과 연결된다. 이 길에는 꼴론 공동묘지(Cementerio Colón)의 정문이 있다. 쿠바에서 가장 중요한 공동묘지이며 아메리카에서도 가장 큰 묘지 중 하나로, 0.5제곱

[그림 3-59] 23번 길.

[그림 3-60] 23번 길과 연결된 까예. 베다도 지역의 전형적인 가로수가 양쪽에 늘어서 있다.

[그림 3-61] 돈키호테 상.

킬로미터이다. 이 묘지는 19세기에 아바나에 지어진 주요 종교 건축물 중 하나다. 풍부한 건축물과 조각상은 문화적 측면에서 귀중한 종교적 자산이다. 1854년 쿠바의 총독인 마르께스 데 뻬수엘라(Marques de Pezuela)는 이 공동묘지를 짓는 것을 허가받기 위해 노력했지만 실패했다. 그러다가 마침내 1866년에 스페인 왕실 법령에 의해 정식으로 허가를 받았다. 스페인 건축가 깔릭스또 데 로이라(Calixto de Loira)가 설계했으며, 1871년에서 1886년까지 약 15년 동안 농장이던 토지 위에 묘지를 조성했다. 공동묘지 배치는 수직으로 교차하는 거리가 5개 십자형을 이루도록 설계했다. 두 주요 도로는 중앙의 십자형을 형성하는데, 중앙에는 예배당이 있다.

공동묘지에는 19세기 후반과 20세기 초반의 유명한 예술가 미겔 멜레로(Miguel Melero), 호세 비랄따 데 사아베드라(José Vilalta de Saavedra), 레네 뽀르또까레로(René Portocarrero), 리따 론가(Rita Longa), 에우헤니오 바띠스따(Eugenio Batista), 막스 보르헤스 레시오(Max Borges Recio), 후안 호세 시끄레(Juan José Sicre) 등의 작품인 기념비, 무덤 조각상들이 들어서 있다. 무덤 부지는 사회적 계급에 따라 할당되었고, 귀족들은 무덤을 화려하게 장식하여 부와 권력을 보여주고자 했다. 공동묘지 입구는 호세 비랄따 데 사아베드라가 조각한 길이 34미터, 높이 21.6미터의 카라라(Carrara) 대리석 조각상이 올려져 있다. 이 조각상은 신앙, 희망, 자비를 의미한다. 둥근 형태의 가족묘는 그들이 생전에 살던 집의 작은 형태이다. 아치, 둥근 지붕, 스테인드글라스로 장식되어 있다. 혁명 영웅 막시모 고메스(Máximo Gómez), 소설가 알레호 까르뻰띠에르(Alejo Carpentier), 작곡가 우베르뜨 데 블랑크(Hubert de Blanck) 등 많은 유명인과 쿠바혁명에 헌신한 희생자들이 이곳에 묻혀 있다.[33] 1890년 5월 17일에 발생한 화재로 죽은 소방대원을 기리기 위해 만들어진 무덤

33) http://www.lahabana.com/guide/necropolis-de-cristobal-colon/

[그림 3-62] 꼴론 공동묘지의 정문과 조각상.

[그림 3-63]
소방대원의 희생에 대한
기념비와 무덤.

도 이곳에 있다. 화재로 38명이 사망했고, 그중에 25명이 소방대원이었다. 1892년에서 1897년에 건축가 홀리오 사빠따(Julio M. Zapata)와 아구스띤 께롤(Agustín Querol)[34]이 이 사건으로 죽은 소방대원의 초상을 새긴 기념비를 완성했다. 당시 죽은 소방대원 중 한 명의 초상이 없자 조각가는 대신 자신의 초상을 조각했다고 한다.

건축물의 노후화와 보존

독립과 혁명 전후에 일어난 아바나 도시 변화

쿠바가 스페인에서 독립한 1898년부터 쿠바혁명이 성공한 1959년 전까지 아바나는 유럽의 유명한 건축가와 도시계획가가 야심 찬 계획을 선보이는 장소였다. 유럽의 유명 건축가와 도시계획가들이 아바나에 들어와 도시와 경관을 계획했다. 그러나 유럽의 양식을 그대로 적용하기보다는 쿠바의 기후와 사회 문화를 표현한 독창적인 건축 양식을 모색하던 시기이기도 했다.[35] 비록 아바나에 대한 계획이 세계 대공황으로 축소되었지만 그때 조성된 도시 경관은 현재의 아바나의 도시 이미지 형성에 크게 기여했다.

독립 이후 미군정 시기(1898-1902)를 거치면서 쿠바의 경제, 사회, 문화 그리고 자연환경에 미치는 미국의 영향은 커졌다. 1920-1933년 미국의 금주법 시행 시기에 자국 내에서 술을 즐길 수 없던 미국의 부호들은 미국과 매우 가까운 쿠바에 별장을 짓고 유흥가를 만들었다.

1935-1960년에 아바나는 건축과 도시개발에서 엄청난 변화를 겪는다.

---

34) https://norfipc.com/cuba/el-cementerio-necropolis-colon-habana.php

35) 아바나 세균도 자료실.

아바나에는 인구와 상업적 기능 등이 점점 집중되었다(Ana María de la Peña Gonzáles, 2011: 345). 이 시기의 아바나에 있었던 대표적인 변화는 바띠스따 (Batista) 정부에 의해 지어진 대규모 공공 건물, 상업용·주거용 부동산 투기 등이었다(K. Edge et al., 2006: 89).

그러나 1959년 1월 1일 쿠바혁명으로 들어선 새로운 정부의 관심사는 발전이 뒤처진 지방의 균형 발전이었기 때문에 수도였던 아바나를 거의 방치했고, 이러한 무관심 덕분에 아바나의 옛 도시 구조와 기념비적인 건축물이 보존될 수 있었다. 도시와 농촌의 불균형을 바로잡기 위한 혁명 정부의 정책은 지금의 구 아바나 지역을 비롯한 아바나 도처에 오래된 건물과 거리 구조를 도시의 화석처럼 그대로 남겼다. 또한, 혁명 이후 아바나에 주택이 부족하자 정부는 대규모 주택 단지를 공급하는데, 이는 소비에트 스타일의 현대 건축물이었다. 대량으로 공급된 이 건물들 덕분에 역사적 건축물의 보존이 가능했다는 평가도 있다.

1963년 아바나 시의 조정·실행·검토 위원회(Junta de Coordinación, Ejecución e Inspección Municipal, JUCEI)는 아바나 시에 대한 새로운 건축 규정을 승인하는 결의안 #2069를 공포했다. 여기에서는 방벽 안의 구 아바나 지역을 '역사적·예술적 특별한 가치를 가진 구역(Zona de Excepcional Valor Histórico y Artístico)'으로 지정하고 새 건물의 정면에는 가능한 한 쿠바의 식민지 시대 양식을 적용하도록 했다. 식민 시기의 요새를 포함하여 도시 방벽 내 구 중심 지역과 19세기에 이 지역 인근에 확장된 지역은 1982년 유네스코의 세계문화유산으로 지정되었다. 1980년대 후반에는 역사지구에 대한 자체적인 도시 규정이 만들어졌다.

1993년 쿠바 국가평의회(Consejo de Estado)는 법령 143(Decreto Ley No 143)에서 역사중심지구의 복원을 위한 재원 마련에 대해 명시했다. 즉 아바나 역사사무소(OHCH)에서 자체적으로 재원을 마련하는 활동을 할 수 있는 토대를 마련했다. 주요 내용은 역사중심지구에서 숙박업, 식당, 카페 등을 운영하여 얻은 수입을 이 지역 유물의 복원을 위한 경제적 재원으로 사용하는 것을 허가한다는 것이다. 1998년에는 역사중심지구 내 종합적인 발전을 위한 특별계획과 관리의 초안을 작성하고 관리하는 쁠란 마에스뜨로(Plan Maestro) 조직이 만들어졌다.

1990년 이후에는 쿠바 정부가 국가 차원에서 관광 산업을 육성하면서 아바나의 오래된 건축물을 포함한 도시의 물리적 구조에 비교적 느리게나마 정부가 투자해 오고 있으며, 부족한 재원을 충당하기 위해 호텔 등 관광시설에 대한 외국인 투자도 유치하고 있다. 한 예로 19세기 말에서 20세기 초에 걸쳐 건설된 만사나 데 고메스(Manzana de Gómez)의 자리에 만사나 켐뻬스끼(Manzana Kempiski)를 2017년에 개장했는데 여기에는 독일 기업과 쿠바의 국영기업인 가비오따(Gaviota)가 함께 투자했다. 또 프랑스의 호텔 체인인 아코르 호텔(Accor Hotels)은 호뗄 데 쁘라도 이 말레꼰(Hotel de Prado y Malecón)에 투자했다. 그란 호텔(Gran Hotel)과 같은 경우에는 기존의 파사드를 보존하여 신축했다. 최근에 복원한 주요 건물로는 보호 1등급 건물인 까삐똘리오 나시오날과 중앙철도역을 들 수 있다.

쿠바 정부는 저소득층 주택의 수리도 지원하고 있다. 그 지원의 규모가 적고 진행 속도가 너무 느리다는 평가도 있지만, 정부 지원을 통해 쿠바의 저소득층은 자신의 주택을 수리하는 데 드는 건축자재와 인건비에 대해 보조금을 받을 수 있다. 열악한 주거 환경에도 수리할 수 없던 주민들은 주택의 확장, 수리, 보존 등 개인적인 노력에 대해 정부 지원을 받을 수 있게 된 것이다. 여기에서 쿠바 정부는 실질적인 간섭과 관여를 하지 않는다. 즉 주택을 소유한 개인은 정부가 아닌 협동조합(cooperativas de construcción no estatal)을 통해 실질적인 수리와 보존 작업을 진행한다. 구 아바나와 센뜨로 아바나를 포함한 아바나 시와 전국의 주와 지자체에 있는 건축자재상(Rastros de

[그림 3-64] 건축물의 정면을 보존하여 짓고 있는 모습. 그란 호텔(2017년 1월).

[그림 3-65] 주택 수리 중인 모습. 센뜨로 아바나.

Venta de materiales)에서 건축자재의 자유 판매(la venta libre)를 허가했으며, 쿠바 정부는 이에 대한 보조금을 지급하고 있다.[36]

역사중심지구 건물의 노후화

도시계획가인 마리오 꼬율라(Mario Coyula)는 2012년 BBC와 한 인터뷰에서 이렇게 말했다.

> 아바나의 오래된 식민지 건축물은 멀리서 보면 열대의 햇빛 아래에서 매력적으로 빛바래 있지만, 가까이 보면 무너지고 있다.[37]

그의 말대로 구 아바나의 일부 건물을 제외하고는 아바나의 대부분 건축물이 영구적으로 손상된 상태이다. 2002년, 2011년, 2015년, 2016년에 역사중심지구의 3,510개 건축물의 상태를 조사한 바에 의하면 양호하거나 보통 수준을 보이는 건물의 수는 점차로 줄어들고 있으며, '나쁨'이나 '매우 나쁨' 상태의 건물이 늘고 있는 것으로 나타났다. 2016년에 전체 건물의 약 30%인 1,037개 건물이 '나쁨' 수준의 상태를 나타냈으며, 약 9%인 319개 건물은 '매우 나쁨'의 상태를 보였다(표 3).[38] 역사중심지구 내에 거주하는 대다수 주민의 주택 상황은 매우 열악하다. 쿠바의 경제적 문제와 구도심의 공간적 제약 속에서 건물의 관리와 복원은 쉽지 않다.

---

36) 현지 자문(2017.01). "Restauración del Centro Histórico de la ciudad La Habana."

37) https://www.cubanet.org

38) 현지 자문(2017.01).

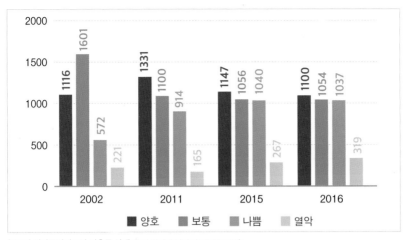

[표 3] 역사중심지구의 건축물 상태.(출처:아바나 현지 자문(2017.01))

젠트리피케이션 대신 이주

토지와 지대가 사유화되어 있는 사회에서는 특정 낙후 지역에 인구와 자본이 집중되면 그 지대는 오르고 토지의 소유주는 지대 상승에 따른 이익을 얻는다. 이 과정에서 토지를 싼 가격에 임대하고 있었던 기존 주민은 비싸진 지대를 감당하기 어려워 다른 지역으로 이주할 수밖에 없다. 이와 같이 높은 지대를 감당할 수 없는 원주민은 밀려나고 지대를 감당할 수 있는 외부인들이 유입하는 현상을 젠트리피케이션(gentrification)이라고 한다. 쿠바혁명 이전, 특히 도시 건설이 성황을 이룬 20세기 초반인 1920-1930년 동안 아바나 구도심을 비롯한 주요 지역에서 이러한 현상이 집중적으로 일어났다.

그러나 쿠바혁명 이후 사회주의 계획경제를 도입하면서 민간의 토지 소유를 제한했고, 따라서 토지 시장이 없던 이유로 아바나는 토지와 지대가 사유화된 사회에서 전형적으로 일어나는 젠트리피케이션을 피해 갈 수 있었다. 그러나 젠트리피케이션이라기보다는 특정 지역을 둘러싸고 다양한 이용 경합이 벌어지는 경우 공권력에 의한 강제이주로 기존 거주민이 밀려난다. 역사중심지구인 구 아바나에서 관광객에게 숙박을 주기위해 기존 주민의 일부는 외곽으로 이동해야만 했다.

2013년 쿠바는 민간 개방 항목에 관광업을 추가했다. 쿠바 정부는 관광업에 대한 투자 증가 계획을 발표하면서 개발을 더욱 용이하도록 해주기 위해 경제 부문을 개혁해 왔다. 발표된 개혁안 중 가장 눈에 띄는 것은 사유화(privatization)이다. 정부는 민간 레스토랑을 허용했고, 개인이 여행객들에게 방을 세놓을 수 있게 했으며, 민간 택시도 허용했다. 아바나에 관광객이 늘수록 관광 중심 지역은 더 많은 숙박 시설, 레스토랑, 카페 등이 필요하다. 구 아바나 지역을 비롯한 아바나 곳곳은 외부에서 오는 관광객들에게는 매력적인 장소이다. 성수기에는 많은 관광객으로 아바나에 있는 호텔이 그 수요를 감당하기에는 역부족일 정도이다. 그러다 보니 기존의 주택을 숙박 시설로 변경하여 운영하는 주택들이 늘었다. 정부의 허가를 받아 주택을 숙박 시설로 운영하게 되면서 이전에 여기에 거주하던 주민들은 중심지에서 떨어진 아바나 만을 넘어 동쪽 지역인 알라마르(Alamar) 등으로 이주하게 되었다. 먼 지역으로 옮겨진 주민들이 도시 중심부에서 일하기 위해 매일 한두 시간을 이동해야 하는 경우도 있다. 이에 대해 이주된 주민들은 복잡한 감정을 느낀다고 한다. "여행객은 우리를 계속 더 먼 곳으로 밀어내지만, 이 무너지고 있는 도시에서 절실하게 필요한 돈은 그들에게서 나온다"고 말이다.

[그림 3-66] 아바나 만의 동쪽에 있는 알라마르의 주거 단지.

[그림 3-67] 알라마르에 있는 협동농장.

4장

설탕과 아바나

아이티 혁명의 영향[39]

1493년 콜럼버스(Christopher Columbus)는 까나리아 제도에서 히스빠니올라 섬으로 사탕수수를 가져왔다. 카리브해 기후는 사탕수수를 재배하는 데에 적합했음에도 불구하고 쿠바 섬에서 사탕수수 경작지는 약 300년 동안 천천히 확산했다. 쿠바에서 상업 목적의 설탕 생산은 17세기 초에 시작되었으나, 17세기 중반까지 쿠바의 설탕 제조는 다소 원시적이었으며, 당시 주요 설탕 생산 식민지였던 바베이도스(Barbados), 자메이카(Jamaica), 과달루뻬(Guadaloupe), 특히 생도맹그에 비하면 미미했다(Ulbe & Curry-Machado 2012: 242). 쿠바가 사탕수수 생산지로서 역할이 커진 시기는 17세기 말이었다. 1670년대까지 지역적으로 설탕 붐이 있었고 주요 항구에서 가장 가까운 지역에 약 100여 개 설탕 공장(sugar mill)이 들어섰다. 그러나 1739년 아바나 왕립 상업 회사(Real Compañía de Comercio de La Habana)가 설립될 때까지 설탕 산업은 발달하지 못했다.

쿠바에서 근대식 설탕 생산은 당시 세계 최대의 설탕 생산지였던 생도맹그에서 설탕 산업이 급작스럽게 쇠퇴하고 브라질에서 설탕 산업이 축소되면서 시작되었다. 프랑스령 식민지였던 생도맹그에서 설탕 생산이 급작스러운 종말을 맞은 것은 1791년에 발발한 아이티 혁명 때문이다. 이 혁명 이전, 쿠바의 설탕 제조업은 카리브해 설탕 경제에서 상대적으로 규모가 작았다(Manuel, 2007: 147; Bosma & Curry-Machado, 2012: 240-241). 1697년 생도맹그는 프랑스령 식민지로 편입되었고, 사탕수수와 커피를 재배해서 유럽에 공급하는 여러 식민지 중 생산력이 가장 높은 곳이었다. 유럽인이 선호하는 상품 무역을 위해 아프리카에서 아메리카로 흑인을 실어와 노동을 착취

---

39) 4장 「설탕과 아바나」는 장수환, 2022: 83-108을 발췌 및 재구성했다.

했던 대표적인 장소였다. 그러던 1791년 이 지역에서 당대 유럽인의 관점에서 보면 "눈앞에 벌어지는 것을 목격하고도 믿을 수 없는" 사건이 벌어졌다. 흑인 지도자 투생 루베르튀르(Toussaint L'Ouverture)의 지휘 아래 흑인들이 자유와 권리를 쟁취하기 위해 주체적으로 투쟁을 벌였고 1804년에 '아이티공화국'을 수립한 것이다(한서린, 2012: 141-142). 아이티 혁명 전까지 프랑스는 이 지역에서 사탕수수 등 플랜테이션을 통해 엄청난 수익을 올렸다. 이곳뿐 아니라 식민 제국의 플랜테이션으로 이미 프랑스령과 영국령 카리브해의 자연경관은 큰 변화를 겪었는데, 생도맹그는 그 정점에 있었다(McNeill, 2010: 303).

그러나 1791년 생도맹그에서 시작된 아이티 혁명으로 그 지역에서 설탕 산업은 붕괴하기 시작했고, 생도맹그에서 철수한 기술자와 사업가들은 자본과 기술, 경험을 가지고 쿠바 섬으로 들어온다. 당시 쿠바의 엘리트 계층이던 끄리오요들은 아이티 혁명으로 인한 혼란을 이용하여 재빨리 돈을 벌 수 있는 좋은 위치에 있었다. 1792년 쿠바는 자메이카와 브라질에 이은 설탕 생산국으로 성장했다. 쿠바에서 설탕 산업이 급속히 발전할 수 있었던 것은 아이티 혁명으로 인한 생도맹그 지역 설탕 산업의 쿠바 이전 때문이었으며, 기본적으로는 이 섬의 비옥하고 충분한 토지, 축적된 자본, 무엇보다 흑인 노동력 때문이었다. 쿠바의 대유럽 무역은 때로는 직접 이루어졌고, 때로는 다른 곳을 거쳐 이루어졌다. 이러한 상황은 프랑스혁명 기간과 나폴레옹 제국 시기에 점차 자리잡았다. 당시 수요가 엄청난 설탕과 커피와 같은 상품의 가격이 오르면서 쿠바는 경제적 이득을 얻었다(Zanetti & Garcia, 1998: 4-5).

쿠바는 대 앤틸레스 제도에서 가장 큰 섬으로 이제 세계적 설탕 공급처로 부상하기 시작한다. 17세기부터 설탕 생산에 이용되어 온 아이티를 비롯한 카리브해의 섬 중 대다수가 이미 토양의 질적 악화와 부족을 겪었고,

[그림 4-1] 1898년 쿠바 마딴사스 지방의 설탕공장 모습.(출처: 위키피디아)

결정적으로 노예 노동력을 이용한 플랜테이션을 더는 지속할 수 없었기 때문이다. 그러나 당시 광활한 미개척 토지가 있는 쿠바 섬은 이러한 설탕 수요의 상당 부분을 흡수할 수 있었다(Ulbe & Curry-Machado, 2012: 242).

쿠바의 설탕과 관련된 주변 상황

18세기 스페인 제국은 왕위 계승 전쟁(1701-1714)으로 인해 많은 식민지를 잃고 세력이 축소되었으며 유럽의 7년 전쟁(1756-1763) 이후에는 아메리카와의 독점 무역 체제조차 붕괴하기에 이른다. 하지만 유럽의 7년 전쟁 기간에 1년여 동안(1762-1763) 영국에 의해 점령당한 쿠바는 스페인의 독점 무역 정책이 제거되면서 경제적 성장을 누렸다(정재호, 2004: 77-78).

1778년 스페인과 포르투갈의 분쟁이 종결되면서 스페인은 주요 무역로를 확보하게 되었고, '스페인과 인디아스 사이의 자유무역 규정'(1776)을 통한 스페인 식민 체제의 행정과 상업 개혁은 쿠바 설탕 산업의 발달을 가속하는 계기가 되었다. 쿠바는 부르봉 개혁으로 알려진 까를로스 3세의 세제 개혁이 실시된 첫 식민지였고, 당시 스페인 정부와 쿠바 끄리오요 사이의 독특한 관계가 발전한다. 스페인 정부는 쿠바의 엘리트가 스페인 법정의 고위 권력에 접근할 수 있도록 해주었고, 설탕 생산을 촉진하기 위해 토지 접근이 쉽도록 경제적 양해권을 부여했다.

18세기 말까지 아바나는 쿠바 설탕 생산의 중심지였으며, 항구와 도심을 중심으로 점점 더 반경을 넓혀 갔다(Monzote, 2005: 113). 18세기 말 아바나는 도시 방벽을 넘어 외곽으로 성장해 나갔고, 이 도시를 둘러싸고 사탕수수 재배 지대가 형성되었다(김희순, 2016: 122). 1790년대는 쿠바의 설탕 사업가에게 엄청난 기회였다. 아이티 혁명으로 생도맹그 지역의 설탕 산업이 쿠바로 이전해 왔고, 설탕 수요 증가로 가격이 치솟았기 때문이다. 게다가 스페인은 무역을 자유화했으며, 기술이 발전하여 설탕 산업에도 효율적인 근대식 공장이 도입되었다(Portuondo, 2003: 231-237).

1826년까지 쿠바와 뿌에르또리꼬를 제외한 모든 스페인령 아메리카는 독립을 맞았다. 1898년 독립하기 전까지 다른 라틴아메리카 지역보다 수십 년 동안이나 더 오래 쿠바가 스페인 제국에 남은 이유에는 스페인 시장에 대한 유리한 접근을 유지하고자 한 쿠바 설탕 업자들의 열망이 큰 몫을 했다(McNeill, 2010: 287).

흑인 노동력 착취와 이민자 수용

1700년대 초, 약 5만 명이던 쿠바의 흑인 인구는 1800년대 중반까지 점점 증가했다. 흑인을 아메리카까지 처음 끌고 온 것은 스페인이 아메리카에 정착한 시점까지 거슬러 올라간다. 스페인 왕실의 통제하에 아메리카로 들여오는 노예의 수와 상태를 규제했고 이는 왕실의 수입과 관련이 있었다. 그러나 만성적인 인력 부족을 해결하고 설탕 생산을 극적으로 성장시킬 수 있는 계기를 위해 외국 상인에게 노예무역을 개방한다(Portuondo, 2003: 237). 까를로스 3세(재임 기간 1759-1788)가 스페인 제국에서 흑인 노예 무역을 자유화한 것이다. 1800년에 쿠바를 방문한 지리학자인 알렉산더 폰 훔볼트가 쿠바 섬을 "설탕과 노예의 섬"으로 부를 정도로 노예는 당시 이 지역의 대표적 특징이었다. 그의 기록에 의하면 당시 아바나에는 9만 6,000명이 거주하고 있었으며, 이 중 2만 9,000명은 노예였고 2만 6,000명은 노예가 아닌 자유 유색인이었다(스카파시 & 포르텔라, 2017: 17-22). 노예제는 영국과 스페인에서 각각 1807년과 1817년에 폐지되었음에도 쿠바에서는 1790년에서 1820년까지 흑인 노예 36만 9,000명이 아프리카에서 유입했고, 1851년 부터 1860년까지 13만 1,000명이 브라질을 거쳐 쿠바로 들어왔다. 1790년에서 1860년까지 쿠바로 들어온 흑인 72만 명의 노동력은 당시 쿠바 설탕 산업을 장악한 쿠바의 끄리오요들이 엄청난 부를 쌓게 된 원동력이었다.

1800년에서 1850년 사이 국제무역을 위해 설탕, 커피 등을 재배하는 상업적 농업은 쿠바에서 급속도로 성장했다. 1860년경 사탕수수는 쿠바의 전체 농업 생산량의 89%를 차지했으며, 농장은 대부분 아바나와 마딴사스 지방에 집중되어 있었다(마르크 페로, 2008: 254-257). 특히 1820년에서 1860년까지 약 40년 동안 노예 제도로 유지되는 플랜테이션과 설탕 농산품 가공업이 절정을 이루었다. 또 미국의 남북전쟁(American Civil War, 1861-1865)에서 노예제에 찬성하던 남부 연합이 패배하면서 미국에서 노예를 이용하여 플랜테이션 농업을 하던 많은 농장주가 쿠바로 이동했다. 1800년대 중반 쿠바는 세계에서 가장 큰 규모의 설탕 생산-수출 체계를 만들었으며, 흑인 노동력을 가장 크게 착취한 곳 중 한 곳이었다(Manuel, 2007: 145).

1790년에서 1867년 사이에 아프리카인 약 80만 명이 쿠바로 끌려왔고, 당시 이는 쿠바의 아프리카화(Africanization)처럼 비쳤을 것이다. 그러나 영국과 프랑스 제국에서 노예제가 폐지되면서 1840-1850년대 이후 노예 무역은 점차 쇠퇴했다. 1867년에 노예 무역이 종결되자 쿠바의 설탕 업자들은 부족해진 노동력을 메우기 위해 이민자를 점점 더 많이 끌어들였다. 매년 스페인 사람 수만 명이 쿠바에 왔는데, 일부는 군인으로, 일부는 계절 노동자(연간 1-2만 명)로 와서 사탕수수와 담배를 수확했으며, 일부는 체류를 희망하는 이민자로 들어왔다. 1830년에는 아프리카계 쿠바인이 인구의 거의 60%를 차지했지만 1870년에는 약 40%로 감소했고 쿠바인 4명 중 1명이 노예였다. 이후 수십 년 동안 인도인과 중국인 수십만 명이 쿠바의 대규모 농장에서 일하기 위해 트리니다드(Trinidad), 영국령 가이아나(British Guyana)

로부터 들어왔다. 1880년대까지 중국인 10만 명 이상이 사탕수수 경작지에 일하러 왔고 본국에 돌아가지 않은 채 그 섬에 남기도 했다(McNeill, 2010: 287-297). 그러나 1870년대까지도 쿠바의 설탕 생산은 절대적으로 노예제에 의지하고 있었다. 1877년 쿠바의 주요 설탕 생산 지역에서 일하던 노동자 중 70%는 노예였다(Bergad, 1989: 96).

1815년 벌목 허가

쿠바에서 설탕 산업의 초기인 1600년대부터 설탕 플랜테이션과 공장을 짓기 위한 벌목과 화전이 이미 있었다. 당시 설탕 농업은 아바나에서 건선 제조를 위해 필요한 목재와 도시에서 쓰일 목재를 공급하기 위해 산림 지역에서 나무를 제거한 후에나 할 수 있는 일이었다. 건선 제조를 위한 목재 공급이 우선이었던 삼림 지역에서, 차츰 이러한 삼림 유지를 둘러싸고 스페인 해군과 토지 소유자 사이에 갈등이 있었다. 스페인 해군은 사탕수수의 급속한 경작 붐으로 인해 숲이 농업 지역으로 전환되는 것에 대해 우려했다. 아바나 조선소는 스페인 제국에서 가장 중요한 조선소 중 하나였으며, 배를 건조하기 위해 벌목용 예비지로 둔 삼림 지역을 침범하려는 설탕 공장주와 목재 공급처를 잃고 싶지 않은 해군 사이에 갈등이 생긴 것이다. 아바나 조선소로 목재가 이동된 지역은 우선 가축 목장으로 바뀌었는데, 그 지역에 사탕수수 농업이 들어온다는 것은 숲의 소멸을 의미했다. 1700년대 중반부터 설탕 산업은 아바나의 주변부를 넘어 확장해 나갔다(Manuel, 2007: 147).

쿠바 섬에서 스페인 해군의 조선소 운영과 상업 농업의 대결은 18세기 마지막 4분기와 19세기 초 사이에 일어난 중요한 변화였다. 18세기 말까지 상업적인 농업은 법원(Cortes del Rey)의 결정에 따라 한정된 지역에서 실시되었지만, 사탕수수 재배 지역이 확장되면서 해군의 삼림 지역 유지와 토지 소유주의 사탕수수 재배지 확대라는 이해관계가 서로 충돌한다. 스페인 왕실은 1772년 이후로 아바나와 그 인근 삼림 지역의 개발에 대한 제한을 강화했다. 그 전까지는 가축, 임업, 농업 착취 사이에 일정한 균형이 있거나 적어도 어느 하나가 나머지에 대한 명확한 우위가 없었다. 그렇다고 배를 건조하기 위한 벌목이 삼림 보존을 위한 것이라고 볼 수는 없다. 사탕수수 재배지의 확장에 대한 당시 스페인 해군의 우려는 아바나 조선소와 숲의 거리가 멀어짐에 따라 발생하는 추가 비용과 더 관련이 있었다. 1770년대에 시작되어 오랜 대치 끝에 1815년에 이르러서야 종식된 스페인 해군과 토지 소유주 사이의 긴장은 스페인 해군력 유지를 위한 자원 이용과 설탕 생산을 위한 토지 자원의 개별적 이용이 충돌한 것이다. 결과적으로 1815년 8월 30일 왕실 법령(Royal Decree)은 개인에게 벌목에 대한 절대적인 권리를 부여했다. 이 새로운 법은 개인에게 벌목을 허가해 줌으로써 지주가 사탕수수 농업을 위해 숲을 제거할 수 있는 길을 터주었다. 이로써 설탕 플랜테이션이 쿠바 섬 대부분을 덮고 있던 풍부한 삼림을 제거하면서 거침없이 성장할 수 있는 계기가 마련된 셈이다. 1815년을 기점으로 산림의 이용과 소유권을 둘러싼 이념적·법적 변혁뿐만 아니라 철도·기계와 같은 기술적 도입으로 인해 쿠바의 자연경관은 더욱 빠른 속도로 변해 갔다(Monzote, 2005: 107-112).

1840년대 설탕 산업은 아바나의 동쪽으로 더욱 확장해 가면서 단일 재배 지역으로 변해 갔는데, 그 대표적인 지역은 마딴사스였다(Manuel, 2007: 147). 설탕 산업은 쿠바 섬 시골의 오래된 질서에 큰 변화를 가져왔다. 울창했던 숲은 사탕수수 재배지로 바뀌었고, 그 중심에는 설탕 가공 과정에서 주변의 나무를 베어 사용하려는 공장들이 건설되었다. 소규모로 농사를 짓던 농부들은 더 큰 규모로 설탕 산업을 하는 부유한 농장주(hacendados)의 농장에서 일하는 임금노동자가 되었다.

미국의 영향

쿠바는 스페인 식민지 시기에 라틴아메리카 식민지와 스페인 간 무역에서 중심적 위치에 있었으며, 스페인에서 독립한 이후에는 미군정의 시기를 보냈고 이후 쿠바 혁명 이전까지 미국의 영향은 더욱 커졌다. 쿠바는 스페인에게나 미국에게 지리적으로 중요한 위치에 있었던 셈이다.

물론 쿠바에 대한 미국의 영향은 좀 더 거슬러 올라간다. 1776년 독립을 선언한 미국의 13개 식민지는 당시 이례적일 정도로 좋은 경제적·정치적 상황에 있었다. 1783년 이후 미국은 영국령 서인도 식민지(British West Indian colonies)에서 열대의 생산품을 정기적으로 수입하기 시작했다. 이러한 상업적 기회에다가 1776년 '스페인과 인디아스 사이의 자유무역 규정' 덕분에 산티아고 데 쿠바, 뜨리니다드, 까실다(Casilda), 바따바노(Bataban6)와 같은 항구가 '소규모 항구(minor ports)'로 분류되어 직접적으로 자유무역을 할 수 있는 권한을 위임받으면서 무역로가 다양해졌다.

미국의 결정적인 영향은 1898년 스페인-미국 전쟁 이후에 나타났다. 이 전쟁으로 쿠바는 스페인 식민지에서 미국의 피보호국이 되었다. 이후 미국은 쿠바 내에서 정치를 통제하고 경제를 장악하는 등 지대한 영향을 끼쳤다(Smith, 1995: 31-34). 미국은 1898년 이전에 공식적으로 중립을 유지했지만 쿠바 내 반란군을 은밀히 지원했고(McNeill, 2010: 302), 미국 자본가들은 전쟁으로 폐허가 된 쿠바 섬의 토지를 싼값을 주고 사들였다. 1차 생산의 특화에 의존하여 유지되는 당시 쿠바의 단작 경제(monoculture economy)는 외국인 자본과 높은 설탕 가격에 의존했다. 미국은 쿠바의 주요 자본 투자자이면서 동시에 쿠바 정치에 영향을 끼치는 설탕 소비자의 지위를 갖게 된 것이다(McCollum, 2011: 4).

1902년경 쿠바의 설탕 산업의 약 40%는 미국 투자자의 관리 통제하에 있었다. 이 시기 미국에서는 설탕 소비가 급격하게 증가했고, 쿠바 섬은 설탕 산업의 팽창을 통해 이윤을 얻기에 적합한 곳이었다(Smith, 1995: 33-34). 게다가 1903년 미국과 쿠바가 합의한 상호조약으로 미국인 투자는 증가했으며, 미국의 이익을 위해 쿠바 섬의 자원을 이용하는 것을 더욱 가속화했다(Hitchman, 1971: 60).

이 시기 쿠바 설탕 산업에 대한 미국인 투자의 몇몇 사례를 들 수 있다. 스페인계 미국인 마누엘 론다(Manuel Ronda)는 1893년에 뚜이니꾸(Tuinicú) 설탕 공장을 지었고 미국의 다른 사업자와 함께 1899년 까마구에이(Camagüey) 남부 지역에 26,800헥타르가 넘는 토지를 매입하여 프란시스꼬(Francisco) 설탕 공장을 지었다. 같은 해 유나이티드 프루트 컴퍼니(United Fruit Company)는 과거 바나나가 재배되던 바네스(Banes) 인근 지역에 설탕 공장을 지었고, 니뻬(Nipe) 만 인근 약 8만 헥타르의 토지를 189,000달러에 사들였다. 홀리(R. B. Hawley)는 뿌에르또 빠드레(Puerto Padre) 항구 인근에 비슷한 투자를 하여 차빠라(Chaparra) 설탕 공장을 짓는데, 이 설탕 공장과 함께 마딴사스(Matanzas)에 들어선 띤구아로 메르세데스(Tinguaro and Mercedes) 설탕 공장은 쿠바 아메리칸 슈가 컴퍼니(Cuban American Sugar Company)의 토대를 형성했다. 당시 뉴욕, 보스톤, 기타 미국의 도시에서는 자본가들이 쿠바 투자를 목적으로 연합체(syndicate) 형성에 관한 광고를 자주 냈는데, 이는 금융 활동의 돌풍으로 이어졌고, 미국 자본가들은 쿠바를 투기 대상으로 몰아넣었다(Zanetti & Garcia, 1998: 211-212).

특히 쿠바의 동부 지역(Oriente)에서는 미국인 투자자에 의해 대부분의 설탕이 생산되었다. 이 지역에서는 많은 토지 소유권이 쿠바인에게서 미국인에게 넘어갔다. 비단 동부 지역만 아니라 1910년 당시 쿠바 전체 토지의 약 75%를 미국인과 쿠바에 거주하는 스페인계가 차지했다. 쿠바 토지 면적의 단 25%만이 쿠바인 소유였던 셈이었다. 1910년 이후 쿠바 동부 지역에서 설탕 공장의 건설이나 수리에 들어간 자금은 외국계 은행에서 빌려온 것이었으며, 주로 미국 뉴욕의 체이스 내셔널 뱅크(Chase National Bank), 퍼스트 내셔널 시티 뱅크(First National City Bank), 캐나다의 로열 뱅크(Royal Bank)에서 들여온 것이었다. 이 은행들은 높은 이자로 대출해 줬는데, 이 높은 이자율은 계속 오르는 설탕 가격으로 지탱되고 있는 셈이었다(Santamarina, 2001: 83-84).

미국에 기반을 둔 쿠바 설탕 산업 투자자들은 매우 유리한 경제적·정치적 환경에서 쿠바에서 이윤을 얻었다. 설탕 산업은 당시에 인기 있는 투자처였고 신규 설탕 회사가 불과 몇 주 만에 조직되기도 했다. 그리고 수개월 내에 광대한 토지에 사탕수수를 심었고, 거대한 설탕 공장을 건설했다. 그러한 기업 중 하나가 마나띠 설탕 회사(Manati Sugar Company, 1912)로 뉴욕에 기반을 둔 사업체였다. 마나띠는 곧 쿠바에서 가장 큰 설탕 회사 중 하나가 되었다. 20세기 초 미국의 이해관계에 의한 쿠바의 설탕 산업 성장은 쿠바 섬의 자연에 영향을 끼치는 외부 세계의 힘을 보여준다. 당시 외국인 투자자에게 쿠바 섬의 사탕수수 농장의 확장과 설탕 산업의 확대는 시장에서 단기적 수익을 올리는 방법이었으므로 쿠바의 삼림 지역은 사탕수수 재배지로 빠르게 대체되었다.

철도망의 확대

스페인 식민지였던 쿠바 섬에서 사탕수수 재배자들은 철도와 전신을 스페인보다 먼저 쿠바로 들여왔고, 농장에서 설탕을 가공하기 위해 증기 엔진을 사용했다(McNeill, 2010: 296).

1837년 쿠바의 첫 번째 철도역인 비야누에바(Villanueva)가 세워졌고, 아바나에서 베후깔(Bejucal)에 이르는 51킬로미터 구간에 철로가 건설되었다. 이는 쿠바의 남동부 마야베께(Mayabeque) 지역의 기네스(Güines)에서 아바나로 사탕수수를 이동하기 위한 철도였다. 첫 철도가 놓인 후 15년 동안 쿠바에는 9개 철도 회사가 생겨났다. 1851년까지 총 558킬로미터의 철로가 깔렸는데, 이는 한 해 평균 37.2킬로미터가 생겨난 셈이었다(Zanetti & Garcia, 1998: 56). 1840년에서 1850년대 사이에 아바나, 마딴사스, 시엔푸에고스, 까르데나스 항구에서 내륙 쪽으로 정교한 철도망이 구축되었다. 철도는 사탕수수 생산량이 많은 지역을 향해 더욱 뻗어나갔고, 1860-1870년대 설탕 사업가들은 자신의 경작지에서 설탕 공장으로 사탕수수를 이동하기 위해 그들의 토지 내에 철도 체계를 연결하여 수송 비용을 절감하고자 했다(Bergad, 1989: 95).

물론 철도 확장보다는 쿠바 섬의 자연환경이 19세기 설탕 생산의 증가에 가장 중요한 요소 중 하나였는데 이 섬의 기후, 토양, 지형은 설탕의 상업적 생산에 유리한 조건이었음이 분명했다. 그러나 기계화와 철도 연결은 더 먼 지역에서 설탕 공장을 대규모로 운영할 기회를 결정적으로 제공한 셈이다. 사탕수수는 식물 특성상 증발 작용으로 인해 수분을 잃기 쉽고 수크로오스(sucrose)의 효소 분해로 설탕의 당 함량이 급격히 감소하기 때문에 벌채 후 24시간 이내에 밀링(milling) 과정이 필요했다. 결과적으로 거대한 설탕공장인 센뜨랄레스(centrales)는 농지에서 벌채한 사탕수수를 신속히 설탕 공장으로 옮겨올 철도 체계가 절대적으로 필요했다(Smith, 1995: 33-34).

쿠바 독립전쟁 이후 미군정하에서 미국은 쿠바의 선로를 수선하고 철도 운송 체계를 재구성했다. 1902년 군사명령 34(Military Order Number 34)는 쿠바 섬의 철도 체계와 표준화된 운임을 관리하는 법률이었다. 이때 주요 철도가 확장되었는데 특이하게도 인구가 낮은 동부 지역으로 확장되었다. 이 지역은 20세기 첫 10년 동안에 사탕수수 생산의 새로운 지역으로 부상한다. 미국인 투자자는 쿠바 동부 지역으로 뻗어간 이 전용 철도를 통해 설탕 산업을 더욱 확장했다. 철도 발달은 쿠바에 설탕 공장을 짓기 위해 미국에서 수입되는 물자의 이용 가능성을 확대하고 운송비를 감소해 주기 때문에 설탕 공장에 들어가는 초기 투자비를 절감해 주었다. 또한, 철도로 인해 신기술을 갖춘 고용량의 기계를 이용할 수 있게 되었다. 1900년 이후로 쿠바 동부 지역에 지어진 설탕 공장은 대단위로 설탕을 생산할 수 있는 거대한 산업체였다(Santamarina, 2001, 75). 미국 투자자들이 그들의 투자를 보호하는 미국을 신뢰하면서 쿠바 동부의 개발 규모는 더욱 커졌다(McCollum, 2011: 6).

규모가 커진 설탕 산업

18세기 중반까지 쿠바 섬은 소규모 농업 형태의 정착민 공동체로 남아 있었으며, 가장 광범위하고 수익성 있는 상업 활동은 왕실 독점인 담배의 수출이었다. 쿠바 설탕 산업은 초기에는 소규모로 행해졌으며 주로 현지 소비를 위해 생산했다. 그러다가 점차 지중해 지역에서 설탕 산업의 악화로 유럽의 수요를 충족하기 어렵게 되자 그 대체지로서 쿠바가 부상했다. 쿠바의 설탕 생산량은 1750년 4,969톤에서 1800년대에는 28,761톤, 1850년에는 294,952톤으로 증가한다(Bosma & Curry-Machado, 2012: 238-242).

당시 세관 자료에 의하면 1786년 63,274상자에서 1823년에 300,211상자로 증가했다. 그러나 당시 쿠바의 정확한 수출량을 얻기 위해서는 아바나 외에도 다른 항구 특히 마딴사스, 산티아고 데 쿠바, 뜨리니다드, 바라꼬아(Baracoa), 마리엘(Mariel)의 자료가 있어야 하는데 이 자료들은 누락되어 있다. 또 정식 통계에 잡히지 않던 불법 무역량에 관한 자료도 없다(Alexander von Humboldt, 2012: 156-157).

1800년과 1804년에 쿠바 섬을 두 번 방문한 알렉산더 폰 훔볼트와 같은 유럽의 지식인은 사탕수수와 같은 상업 작물을 재배하는 '유럽인의 경솔한 활동'이 다른 대서양 지역에서와 마찬가지로 이 지역의 자연 질서에 변화를 초래하고 있다고 주장했다. 또 훔볼트는 당시 사탕수수와 같은 상업 작물 재배와 실질적으로 필요한 작물 재배 사이의 불균형이 심각하다는 것을 목격했다. 그는 자급 작물을 포기하고 상업적 가치가 높은 몇 가지 품목을 외부 세계와 교환하고자 함으로써 대두된 사회적·경제적 문제를 묘사하고 있다(Monzote, 2005: 107).

1750년에서 1895년 사이 쿠바의 설탕 생산은 다양한 문제를 겪었음에도 증가하는 경향을 보였다. 1870년대 무렵 쿠바는 세계 설탕의 42%를 공급했다. 1894년 쿠바 설탕 생산량은 100만 톤을 넘겼고, 1895년 독립전쟁 발발로 엄청난 충격을 받기 전까지 증가했다. 그러다가 1895년 이후 5년 동안의 연중 평균 생산량은 약 275,000톤으로 줄어든다. 1894년 약 1,100개 설탕 공장이 있었는데 1900년경에는 약 200여 곳만이 남는다. 하지만 1898년 이후로 생산량은 과거 수준으로 급격히 증가하여 1903년에는 100만 톤을 다시 회복한다. 그러나 이러한 생산량 증가는 공장 수의 증가로는 이어지지 않았다. 왜냐하면 기술이 발전하고 자본이 집중되면서 대규모 설탕 공장을 운영하고 설탕 생산을 집중화했기 때문이다. 그 결과 1914년 생산량은 1903년의 생산량에 비교해 두 배로 증가했지만, 설탕 공장의 수는 173개로 오히려 더 감소했다(Smith, 1995: 32-33).

대규모 농장과 센뜨랄레스

19세기 초, 쿠바 섬은 수익성이 더 좋은 사탕수수를 위해 다른 식량 작물의 재배를 포기했기 때문에 콩과 쌀 등 주요 농산물을 외부에서 수입했다. 사탕수수 재배자들은 수확을 교대로 하거나 옥수수와 같은 식량 작물을 사탕수수와 함께 재배하는 윤작 형태를 반대했다. 한 작물의 수확과 다른 작물의 파종 사이에 열매와 풀이 토양의 비옥함을 빼앗아 가기 때문에 사탕수수의 생산성에 좋지 않은 영향을 줄 것이라고 믿었기 때문이다.

1840년대 허리케인이나 농촌의 은행 등 신용 기관의 부재, 1868년에서 1898년 사이의 세 차례 독립전쟁으로 인한 여파로 소규모 농장이 대규모 사탕수수 플랜테이션 체계로 편입되는 경향이 뚜렷이 증가했다(Ulbe & Curry-Machado, 2012: 249). 대표적인 지역은 19세기에 자연환경 변화를 현저하게 초래한 대규모 설탕 농장이 들어선 마딴사스와 산따끌라라였다. 1899년 산따끌라라에서의 생산량은 쿠바 섬의 설탕 생산량 중 약 41.9%보다 적지 않았을 것이고, 마딴사스의 경우는 30.1%에 근접했을 것으로 보인다. 그러나 두 지역의 상대적인 면적으로 보았을 때 전체 면적에 대한 비율로 판단해 보면 산따끌라라보다 마딴사스 지역에서 설탕 산업의 중요성이 훨씬 더 컸을 것이다(Boyer, 1939: 312).

10년 전쟁(Guerra de los Diez Años, 1868-1878)으로 설탕 산업이 동쪽으로 계속 확장하는 것이 일시적으로 늦추어졌으나, 10년 전쟁이 끝나자 쿠바 동부에서 사탕수수 농장은 더욱 확대되었다. 특히 쿠바 동부에서 농지 확장에 지대한 영향을 준 것은 1898년 쿠바 독립 이후 외국인 투자의 증가이다. 쿠바의 동부는 일찍이 개발된 서부와는 달리 여전히 광범위한 숲이 있었고, 설탕 산업 투자자에게는 영양분이 풍부하고 토지 가격이 저렴한 새로운 매력적인 장소로 보였다. 쿠바 동부 지역은 현재의 그란마(Granma), 관따

나모(Guantánamo), 올긴(Holguín), 라스 뚜나스(Las Tunas), 산티아고 데 쿠바가 속한 지역이다(Smith, 1995: 32).

설탕 산업은 단일 재배와 대규모의 생산 공정으로 전환되었다. 대규모의 설탕 생산 방식은 투입 대비 산출에서 큰 이윤을 냈지만, 대규모 기계화된 설탕 산업은 쿠바의 풍경을 완전히 바꾸어놓았다. 그 대표적인 예가 앞서 말한 센뜨랄레스 마나띠이다. 이곳에 노동자 3,000명을 수용할 수 있는 도시를 건설하고, 사탕수수를 시설로 가져오고 가공된 설탕을 마나띠 중심부로 이동하고 다시 그것을 인근 항구로 운송하기 위해 철도 체계를 구축했다. 외국 자본가가 쿠바의 시골에서 토지를 사들이고 기계화한 농업 산업을 위한 기반 시설을 구축한 것이다. 이 과정에서 새로운 토지 확보는 선행되어야 할 가장 중요한 과제였다.

〈그림 4-2〉는 마나띠 설탕 회사의 철도망이 농경지로 확장된 후 중앙에서 통합되는 모습을 보여준다. 이 자료에는 마나띠가 소유한 토지, 타인에게 임대한 토지 등의 내용과 인근 토지의 소유자를 설명하는 내용도 포함되어 있다(Ricardo, 2021). 쿠바 동부 시골의 변화는 단지 센뜨랄레스의 등장만으로 끝나지 않았다. 센뜨랄레스가 지역에 들어서면 규모의 경제를 내기 위해 주변 토지의 공급에 의존했기 때문이다. 이 과정은 센뜨랄레스에 사탕수수를 판매할 기회가 있던 독립적인 생산자들이 참여하면서 계속해서 더욱 확대되었다. 마나띠의 철도 연결망은 주변 지역의 공급을 한 시설로 집중하여 설탕을 가공할 때 규모의 경제를 꾀할 수 있도록 해주었고, 연결된 철도를 통해 인근 항구로 이동한 설탕은 외국으로 이동되었다.

미국과 맺은 상호주의 조약(1903)으로 인해 관세는 감소했고, 1914년에서 1920년까지 설탕 가격은 치솟았다(Santamarina, 2001: 86). 쿠바 동부에서 상대적으로 개발되지 않은 토지를 사들이고 새로운 기계를 수입하는 것이 기존 쿠바 서부에 있는 오래된 설탕 공장을 구입하고 개선하는 것보다 비

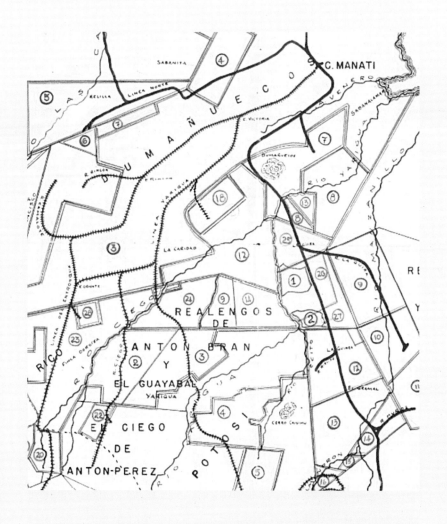

[그림 4-2] 마나띠 설탕 회사의 철도연결망.(출처: Ricardo, 2021, https://storymaps.arcgis.com)

용이 덜 들었기 때문에 설탕 산업은 동부 지역으로 빠르게 확장되었다. 미국 자본가들은 오래된 구식 기계를 이용하던 많은 쿠바 재배자를 자신의 설탕 산업으로 흡수했다. 결과적으로 소작농의 수는 절반으로 줄었고 쿠바 동부 지역에서는 설탕 라티푼디아스(latifundias, 광대한 토지)가 빠르게 확장되어 갔다(McCollum, 2011: 6). 20세기 초 쿠바에서 일어난 설탕 산업의 확장은 외국 자본에 의한 광대한 토지의 경지화(domestication)와 자원의 점유(appropriation)와 종속(dependency)의 양식으로 해석할 수 있다. 쿠바의 자연 자원은 수출을 위한 농산품 생산지로서 국제적 시스템으로 엮여 들어갔다(Smith, 1995: 32).

동부 지역의 우거진 숲과 바꾼 설탕

19세기 쿠바 섬에서 설탕 재배 지역은 아바나에서 서쪽인 마딴사스 너머 뜨리니다드에서 시엔푸에고스로 확장해 나갔고, 중부 지역에서는 사구아 라 그란데(Sagua la Grande), 산 후안 데 로스 레메디오스(San Juan de los Remedios), 산띠 스뻬리뚜스 주변으로 확장해 나갔다. 동부 지역에서는 산티아고 데 쿠바에서 관따나모 지역으로 확장되었다. 초기 확장 기간에 토지 재정비와 산림 벌목을 통해 사탕수수 농장과 함께 식량이나 기타 상품을 생산하는 소규모 농장이 생겨났지만, 1880년대부터는 센뜨랄레스가 설립되면서 대부분 농지에서는 사탕수수를 재배했다(Ulbe & Curry-Machado, 2012: 248). 이러한 모습을 찾아볼 수 있는 기록이 있는데, 1882년에 한 평론가는 이전에는 삼림 지역이나 풀이 무성한 사바나 지역, 소규모의 사탕수수 공장, 목장, 기타 유형의 농장으로 세분화된 곳에 새로운 센뜨랄레스가 들어섰다고 기록을 남겼다(Curry-Machado, 2010: 24).

식민지 시기 300년 동안 사탕수수 산업이 아주 느리게 성장했지만, 19세기 후반에는 매우 빠르게 성장해 나갔다(Boyer, 1939: 311). 1898년 쿠바 독립 이후 동부 지역의 광대한 숲에 관한 관심은 설탕 산업의 새로운 가능성과 관련이 있었다. 이 시기 초기에 토지 구매자들은 대규모 센뜨랄레스를 짓기 위해 산림으로 우거진 수천 까바예리아스(caballerías, 1까바예리야=0.78제곱 킬로미터)를 사들이기 시작했다. 쿠바 독립 이후 미군정 기간에 북동부 주요 해안 지역에 거대한 센뜨랄레스를 건설하기 위한 토지 거래가 활발했는데 이 지역은 풍부한 산림으로 둘러싸인 지역이었다. 1898년 이전 쿠바 북동부에 있던 센뜨랄레스는 아띠요(Hatillo, 1840)를 비롯하여 20여 곳이었던 반면, 1899-1914년에 세워진 센뜨랄레스는 뜨랑낄리다드(Tranquilidad, 1900)와 마나띠(Manatí, 1912)를 비롯하여 12곳이 더 증가했다. 1915년에서 1926년까지 알메이다(Almeida, 1915) 등 20여 곳이 더 늘어나서 동부 지역의 센뜨랄레스는 52곳으로 늘어난다. 특히 이 중 센뜨랄레스 마나띠는 삼림이 풍부한 지역에 세워졌고, 센뜨랄레스로 개발되기 전에는 마호가니와 세다르와 같은 경엽수림으로 이루어진 지역으로 나무가 밀집하여 햇빛이 바닥에 닿지 않을 정도였다고 기록되어 있다. 초기 투자 시기에 나무는 땔감용으로 중요했지만, 점차 그 중요성이 떨어지기 시작할 즈음에는 설탕의 수송 기반을 구축하는 데 필요한 철도 연결에서 침목 등의 수요가 커졌다(Monzote, 2009: 233-239).

당시 설탕 사업가가 사들인 동부 지역의 토지에 대한 묘사가 남아 있다. 20세기 초반 쿠바의 설탕 산업에 관심이 있었던 마누엘 리온다 이 뽀예도(Manuel Rionda y Polledo)는 미국에 거주하는 스페인계였고, 그의 가족은 1860년대부터 쿠바에서 설탕 사업을 하고 있었다. 그는 동부의 땅을 사들이면서 토지에 대한 기록을 남겼는데, 그 땅이 평평한 구릉지였고 완만한 경사로 바다와 만에 접해 있었다고 기록했다. 또 기네아(guinea) 목초와 몇

몇 종류 야자나무로 이루어진 광활한 사바나라고 기록했고, 모래흙이라 물이 빨리 배수된다고 했다. 관목과 풀, 야자나무 등 식물에 대해 기록하는 한편, 더러는 점토로 된 사바나 지역에 관해 물을 함유하는 특징도 적었다. 리온다와 함께 간 관찰자는 이 땅의 일부가 인위적으로 형성된 것으로 보았는데, 사탕수수 농장이 확장되기 전에 이미 이곳은 가축 사육 지역이었고 방목을 위해 벌목된 것처럼 보인다고 했다. 여기에서는 야자나무가 흔하지만, 일부는 상당한 가치가 있는 나무였다고 기록했다. 관찰자는 만 인근에 있는 커다란 세다르(cedar)와 마호가니(mahogany)가 거의 모두 베어졌으나 일부는 남아 있다고 적고 있다. 또 다른 보고서는 이 토지에서 가치가 높은 견목(hardwoods)이 벌채되었다고 기록했으며, 종종 철도 침목(crossties), 주택 건설, 울타리 등 플랜테이션에 필요한 나무가 풍부하게 있는 숲을 여행하고 있다고 적었다. 또 다른 설탕 제조업체를 운영하는 루이지애나 출신은 해가 지면에 닿지 않고 나무가 물 위에 서 있는 "빽빽한 밀림(solid jungle)"을 언급하기도 했다. 쿠바 동부의 이러한 울창한 땅은 특별히 유기물질이 풍부하여 사탕수수 농업에 적합하다고 생각되었다. 이 기록에는 사바나 지역이 이미 있음을 보여주면서 동시에 사탕수수 농지의 확장에 수반된 광범위한 삼림 벌채 내용도 포함하고 있다(Smith, 1995: 36-39).

설탕 산업이 서쪽에서 동쪽으로 확장된 것을 보여주는 수치가 있다. 1904년, 1914년, 1929년의 쿠바 지역별 설탕 생산량 1, 2위를 비교해 보면 1904년에는 마딴사스(318,000톤), 산따끌라라(358,000톤)에서 생산량이 많았다면, 1914년에 가장 생산량이 높은 지역 두 곳은 산따끌라라(760,000톤)와 동부 지역(620,500톤)으로 좀 더 동쪽으로 이동한다. 그러나 1929년에는 까마구에이(1,564,000톤), 동부 지역(1,517,000톤)으로 설탕 주요 재배 지역이 동쪽으로 더욱 치우친다. 당시 이 두 지역의 생산량은 쿠바 전체 생산량의 60%에 달했다(Monzote, 2009: 220).

20세기 초 수십 년 동안 설탕 산업 관련 지역이 동부 지역, 북부에서는 까브레라스(Cabreras) 강, 남으로는 호바보(Jobabo) 강 너머 지역으로 확장되면서 쿠바의 자연환경에 큰 변화가 일어났다(Hoernel, 1976: 215). 쿠바 동부의 풍부한 토지 덕분에 새로운 설탕 투자자는 사업 확장이 필요할 때 쉽게 넓혀갈 수 있었다(Ulbe & Curry-Machado, 2012: 254-255).

1908년 미군은 까마구에이와 동부 지역의 산림 분포에 관한 지도를 작성했다(그림 4-3). 당시까지만 해도 이 지역은 산림이 울창했고 자급자족 위주의 가축 경제가 지배적이었다. 설탕 산업은 소규모 사탕수수 공장과 압착 기계인 뜨라삐체스(trapiches)에 기반하여 작은 규모로 이루어지고 있었다. 10년 전쟁(1868-1878)의 끝 무렵에 비교적 소규모의 센뜨랄레스 형태가 출현하기 시작했지만 지역적인 규모였다. 1899년 통계에 의하면 뿌에르또 쁘린시뻬와 산티아고 데 쿠바 두 곳은 전체 면적의 70.5%가 경엽수와 우거진 수풀로 구성되어 있었다. 까마구에이에 있는 해안 인근의 고지대 숲 지역에서는 1까바예리야(0.78제곱킬로미터) 면적에 마호가니 300그루, 삼나무(cedar) 50그루, 야바(yaba) 50그루, 오꾸헤(ocuje) 100그루, 바리아(baría) 100그루, 주까로(Júcaro) 200그루, 사비꾸(sabicú) 50그루, 지끼(jiquí) 100그루, 기타 수종 50그루가 있었다. 1930년대에 이러한 숲들은 임산물과 수출용 목재의 주요 공급처였다. 물론 이미 통제되지 않은 벌목으로 사탕수수 농장과 방목지가 만들어져서 삼림 면적이 감소하고 있었지만, 1933년 쿠바 동부 지역과 더불어 까마구에이 지역은 다양한 임산물을 얻을 수 있는 유력한 장소였다. 그러나 여전히 1차 세계대전(1914-1918) 이전과는 삼림 통계에서 현저한 차이가 있었다. 세다르와 마호가니 벌채량은 1914년의 벌채량에 비교해 10%로 대폭 줄어든다. 다른 수종 역시 현저히 감소했고, 심지어 통계에서 완전히 사라진 수종도 있었다. 예를 들면 1918년에 265만 개에 달하던 사바꾸 나무 기둥은 1933년에 불과 20개로 감소하여 기록돼 있다.

1914-1919년에 야바와 아까나(ácana) 수종은 그 길이만 20만 피트(feet) 이상이었는데, 1933년 기록에는 나타나지 않는다(Monzote, 2009: 230-232).

단일 작물 경작과 생태계 파괴, 거대 농산업과 외국인 투자는 비록 최근에 극대화되었지만, 이미 오랜 역사가 있다. 이러한 관계는 두 가지로 설명해 볼 수 있다.

첫째는 정치적·사회경제적 활동과 자연환경 변화의 관계는 지리적으로 광범위한 관련성이 있다는 점이다. 스페인 제국의 국내외적 상황, 아이티 혁명, 노예 무역과 흑인 노동력의 이용, 미국의 영향 등 설탕의 생산과 무역은 사회적·정치적 상황과 복잡하게 얽혀 있었고, 그 결과 쿠바에 사회적으로는 물론 자연적으로도 많은 흔적을 남겼다. 생도맹그의 아이티 혁명 (1791)과 대체 공급지로서 쿠바 섬의 역할 확대는 쿠바의 설탕 산업이 획기적으로 성장하는 큰 계기를 제공했다. 물론 스페인과 인디아스 사이의 자유무역 규정(1776)을 통한 스페인 제국의 행정과 상업 개혁도 쿠바의 설탕 산업 성장을 뒷받침했다. 더욱이 1815년 개인의 벌목 자유화는 설탕 산업의 확장에 결정적인 역할을 했다. 이전까지 쿠바 섬의 산림은 스페인 해군의 조선용 목재 공급을 위해 통제되는 자원이었다. 비록 그 시기의 통제가 삼림 자체를 위한 것은 아니었다 할지라도 개인 벌목은 제한적이었기에 삼림을 보호하는 효과가 있었다. 그러나 1815년의 산림법으로 허가된 개인 벌목의 자유화는 삼림이 농장이나 농지로 이용될 수 있는 구실을 제공해 준다. 게다가 노예 무역과 노예제는 설탕 플랜테이션에 노동력을 제공했다. 영국과 스페인에서 노예제는 각각 1807년과 1817년에 폐지되었음에도 노예제가 합법이던 쿠바에는 1790년에서 1860년까지 흑인 72만 명이 유입하여 플랜테이션과 설탕 농산물 가공업에 투입되었다. 1860년 흑인 노동력에 의한 사탕수수 생산은 쿠바 전체 생산량 중 89%를 차지할 정도로 흑인 노동력은 설탕 산업을 지탱하는 한 축이었다.

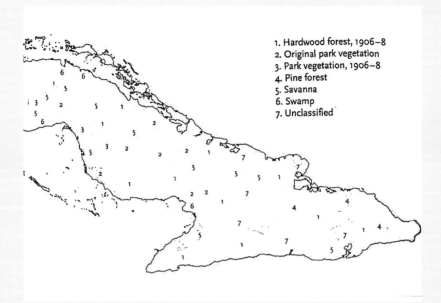

1. Hardwood forest, 1906-8
2. Original park vegetation
3. Park vegetation, 1906-8
4. Pine forest
5. Savanna
6. Swamp
7. Unclassified

[그림 4-3] 20세기 초 까마구에이와 동부 지역의 산림 분포. 그림 위 숫자는 다음을 나타낸다. 1. 경목(hardwood), 1906-1908, 2. 원시의 관목수림이나 초원, 3. 관목수림이나 초원, 1906-1908, 4. 소나무, 5. 사바나, 6. 습지, 7. 미분류.(출처: Monzote, 2009: 232-235)

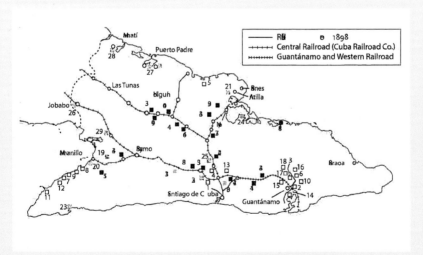

[그림 4-4] 1898-1926년 동부 지역의 센뜨랄레스와 철도의 위치. 그림 위의 숫자는 센뜨랄레스가 지어진 년도나 제분 시작 년도를 나타낸다. 1898년 이전인 경우 1-20번, 1899-1914년도인 경우 21-32번, 1915-1926년인 경우 33-52번.(출처: Monzote, 2009: 232-235)

둘째는 자연환경에 영향을 주는 크기는 인간 활동의 종류, 크기, 규모에 의해 달라진다는 점이다. 이는 쿠바 섬에도 예외가 아니었다. 특히 쿠바의 설탕 산업에 대한 외국인 투자 증가는 쿠바 설탕 산업의 엄청난 양적 확대와 자연경관 변화를 초래하는 계기가 되었다. 1898년 쿠바의 독립이 미군정으로 이어지면서 미국인 투자자에게 쿠바 설탕 산업에 투자할 안정된 사업 기반이 형성된 셈이었다. 20세기 초 미국의 설탕 소비는 급격하게 증가하고 있었고, 사탕수수 생장에 유리한 쿠바의 자연환경은 쿠바를 매력적인 투자처로 보이도록 했다. 미국의 설탕 산업 투자자들은 비옥하면서 값이 싼 토지를 사기 위해 당시 비교적 울창한 삼림을 유지하고 있던 까마구에이와 동부 지역으로 진출했다. 설탕 산업은 재배지뿐 아니라 생산지와 소비지를 연결하기 위한 철도 체계가 필요했고, 집적화되는 거대한 설탕 농장을 운영하기 위한 마을과 그 기반 시설을 위한 부지가 필요했다. 이는 20세기 초반까지도 쿠바에서 초기 전통적인 설탕 지역인 서부와는 달리 여전히 광범위한 산림이 분포하던 동부 지역에서 점차 산림이 줄어든 원인이 되었다. 그로부터 약 30년이 지난 1930년대 산림 통계에는 많은 수종이 이미 사라졌다. 설탕 산업이 가져온 것은 경제적 성장이기도 했지만, 삼림의 벌목과 광범위한 경지화, 생태적 다양성의 파괴로 이어졌다. 특히 다양한 수종이 있던 동부 지역의 울창한 삼림과 팜나무와 관목이 있던 사바나 지역이 대단위 플랜테이션 지역과 설탕 공장으로 대체되었다.

5장

다시, 아바나

역사 속의 아바나

지리학자나 역사학자에게 정치, 경제 그리고 환경 사이의 상호작용에 대한 연구는 매우 흥미롭지만, 이는 상호연관성이 있는 여러 분야를 긴 시간과 큰 공간 범위에서 검토해야 하는 방대한 주제이다. 다른 공간에서 일어난 일련의 역사적 사건을 시계열로 펼쳐보아야, 비로소 특정한 시간과 공간을 이해할 수 있기 때문이다. 아바나를 이해하는 데에도 쿠바 섬 내에서의 경제적·정치적 변화뿐만 아니라 식민지를 둘러싼 여러 제국의 영향을 이해하고 그 관계를 파악할 때에 비로소 그 장소가 왜 거기에 입지했으며 그러한 형태를 가지게 되었는지 이해할 수 있다. 게다가 도시를 뒷받침하는 도시 외부에서의 인구, 물자, 그리고 자본의 유입에 대해 통합적으로 볼 때 도시의 물리적 특성뿐만 아니라 사회문화적 특성을 이해하는 데 도움이 된다. 이 책에서는 아바나를 이해하기 위해 쿠바를 둘러싼 스페인 제국과 미국의 영향, 그리고 쿠바 섬 주변의 정치적·경제적 변화를 살펴보았다. 그리고 설탕 산업이 확장되었던 쿠바 동부에서 자연환경 변화로 창출된 부가 도시에서 개인의 건물과 공공 공간으로 어떻게 표출되었는지를 이야기했다.

전 지구적으로 시공간이 고도화로 연결된 지금, 상품의 생산·이동·교환은 특정 지역의 환경 변화에 엄청난 규모로 영향을 주며 그러한 영향은 자연환경뿐만 아니라 그러한 상품 생산과 교환을 뒷받침해 주는 도시를 변화시키는 힘이다. 비록 도시와 그를 둘러싼 자연환경을 변화시키는 힘이 1990년대 이후 급속화된 무역자유화와 세계화로 인해 더욱 커졌지만, 이는 최근의 사건이 아니다. 자연환경으로부터 얻어낼 수 있는 무엇이든 교환을 위해 추동된 힘으로 만들어진 그 상품의 회로는 절제되지 않는 가속도로 자연을 삼켜버릴지도 모른다. 이는 이미 오래전에 시작된 인간의 이야기이다.

정복자들이 아메리카에 도착하기 전, 이미 그곳에 거주해 오던 원주민에 의해서도 자연환경 변화와 오염 문제가 초래되었겠지만, 외부 세력에 의해 식민지화되었을 때 환경에 미치는 강도는 훨씬 커진다. 이는 우리가 원시림이라 생각해 온 아마존의 열대우림의 많은 지역이 오랜 시간 그 지역에 거주해 온 원주민에 의해 조성된 것이라는 최근의 연구로 어느 정도 유추해 볼 수 있다.

쿠바의 사탕수수 플랜테이션에 의한 자연환경 변화는 비단 쿠바만의 이야기가 아니다. 1791년 아이티 혁명으로 설탕 산업이 쿠바로 대거 이동했을 때 아이티의 토양은 이미 황폐해졌다. 또한, 사탕수수, 담배, 커피 등 플랜테이션의 형태만 있었던 것은 아니다. 자연물 그 자체를 과도하게 채취해 이를 둘러싼 자연환경에 변화를 초래한 경우도 셀 수 없다. 그 한 예로 브라질의 대서양 삼림 생물군계 지역에서는 1500년대 초부터 유럽 부유층이 선호하는 고급 염료를 낼 수 있는 나무인 빠우 브라지우(Pau brasil)를 대규모로 베기 시작했다. 이후 수백 년 동안 염료, 현악기의 활, 가구 등을 만들기 위해 유럽으로 이동된 이 나무는 이제 그 지역에서 멸종 위기에 처해졌고, 대서양 삼림은 아메리카 대륙에서 인간에 의해 가장 황폐화된 곳으로 꼽힌다. 교환을 위한 생산 활동에 의해 변화를 겪은 것은 자연만이 아니다. 도시는 상품의 생산과 교환을 유지하는 경제적·사회적 기능을 갖춰야 하고 그 대사 작용으로 도시의 물리적 구조가 형성되고, 문화적 특성이 일어나며, 주민의 일상이 이어진다.

세계화 시대에 도시는 '균일하게' 해주는 경제적 힘과 이를 뒷받침해 주는 정치 세력에 의해 '동일성'의 과정을 만드는 기제와 마주하고 있다. 장소 간의 지리적 차별성이 세계 체제에 의해 잠식됨에 따라 장소의 상징적 차별성이 더욱 중요해졌다(Harvey, 1988: 299-311). 아바나는 그러한 차별적인 도시 중 하나일 것이다. 쿠바혁명 이후 혁명 정부가 국제 관광을 '부패, 마약, 사회적 불평등, 인종주의와 자본주의 악마'로 규정하면서 쿠바에서 국제 관광은 사라졌다. 실제로 혁명 직전에 해외 관광객 수는 27만 명이었는데 비해 같은 해 혁명 이후의 관광객 수는 4,000명으로 감소했다(Taylor Jr & McGlynn, 2009: 406). 1959년에서 1970년까지 쿠바에서 국제적인 개발 정책은 전무했고, 쿠바로 들어오는 해외 여행객은 당시 소비에트 블록 내의 국가에서 온 여행객뿐이었다. 그러나 1976년 국가 관광연구소(INTUR)를 만들고 정부는 관광을 위한 정책과 기반 시설을 개발하는 데 더 적극적인 조치를 하기 시작한다. 더욱이 '특별 시기(Special Period, 1989-1993)' 이후 해외 관광업 촉진 정책으로 쿠바에 대한 외국인의 직접투자가 증가했다.

관광을 할 수 있는 중산층이 늘면서 '유산(heritage)'을 상품화하고 차별적인 장소를 상품처럼 팔기에 열성인 시대를 거쳐왔다. 1990년대에 들어서면서 쿠바 정부도 관광업을 적극적으로 발전시키기 위해 노력했다. 1994년 관광부와 환경부, 과학부, 기술부가 창설되고 관광업 활동의 환경영향평가를 위한 제도를 만들었다. 정부는 관광 부문에 대한 외국인 직접투자(FDI)를 촉진하고 관광업과 관련된 업무를 담당할 국가 관광 업체를 만들었다(Colantonio, A, & Potter, R.B, 2006: 24-26).

1990년대 이후 쿠바 정부는 관광업에 대한 투자 계획을 발표하면서 개발을 더욱 용이하도록 해주기 위해 경제 부문을 개혁해 왔다. 개혁안 중 가장 눈에 띄는 것은 사유화이다. 정부는 민간 레스토랑을 허용했고, 개인들이 여행객들에게 방을 세줄 수 있게 했고, 민간 택시도 허용했다. 이와 더불어 정부는 외국인에게 관광 개발을 목적으로 99년 동안 토지 임대를 허용했다. 2012년에는 99년 임대로 골프장과 요트용 정박지(marinas)를 건설하는 외국인 투자를 허용했다(Mesa-Lago & Perez-Lopez, J, 2013; 96).

쿠바가 관광산업을 개방하면서 외국의 자본가들은 1900년대 초반에 많은 미국의 자본가가 그러했듯이 아바나 도시 투자에 관심을 가진다. 세계의 많은 다른 공간에서는 이미 자본주의에 의한 공간 변화가 진행되었으며, 자본은 영향을 미칠 수 있는 공간을 확장해 왔다. 국가를 경계로 하는 공간에서 자본의 생산과 재생산을 둘러싸고 갈등이 발생했으나, 신자유주의로 대변되는 정치적 이데올로기의 등장으로 국경을 넘어서 자유로운 자본 이동이 가능(노대명, 2000: 57)해졌기 때문이다. 지리학자인 데이비드 하비(David Harvey)의 표현을 빌리자면 공간은 자본주의 팽창과 재생산에서 '적극적인 장'인 셈이다. 이제 자본의 자유로운 이동과 국경을 넘어선 신자유주의 맥락 속에서 아바나를 생각한다. 자본주의적인 소비 중심으로 구축된 도시 공간은 '동일성'의 특징을 가지며, 그곳의 방문자는 '아우라가' 끼어들 틈도 없이 '공간'을 '관광' 형태로 소비(마이크 크랭 외, 2013: 92, 297)하게 될지도 모르기 때문이다.

일상과 마술

아바나의 도시적 특성은 그 도시에 들어선 바로크와 신고전주의 양식의 건물 또는 절충주의식 건축물의 '축적'만은 아니다. 그러한 건축물의 공간적 짜임은 라틴아메리카의 오래된 도시에서 흔히 볼 수 있으며, 스페인을 비롯한 유럽의 도시는 더욱 웅장하고 화려하다. 그런데도 아바나를 찾는 방문자가 느끼는 독특한 도시 '경험'은 유일무이하게 재현되는 과거와 동시에 산만한 것처럼 보이나 여행자에게 현재 진행으로 다가오는 거주민의 '일상'일 것이다.

쿠바혁명 이후, 정부는 아바나에서 부유층의 퇴거와 재분할이라는 방법으로 정치적 목적을 위해 공간 자원을 이용했다. 아바나에는 라틴아메리카의 다른 주요 도시의 특징인 소수의 부유층과 이들과 완전히 배치되는 도시 빈곤층이 마치 끝없는 배경처럼 늘어선 주거 지역을 찾아볼 수 없다. 아바나에는 과거 부유한 저택의 긴 배열이 뚜렷한 특징으로 나타났고, 그러한 저택은 공공 건물이나 다세대 주거를 위해 분할되었다. 극빈 계층은 상대적으로 눈에 띄지 않는다. 그들은 고전적인 장식으로 꾸며진 건물 정면 안에 감춰져 있거나, 주변 지역의 판자촌에 분산해 있거나, 부촌의 한가운데 불법 거주지에 자리를 잡았다. 아바나의 특징은 이러한 극빈 계층의 존재에도 불구하고 상당히 수준 높은 디자인을 가진 건축물에 거주하는 중저소득층이 여전히 많다는 점이다. 이러한 점은 분명 아바나를 일상의 현재와 화려한 식민지 과거가 공존하는 공간으로 보이도록 했다.

도시는 사회체계와 문화적 가치를 반영하는 공간이다. 올슨(Mancur Olson)은 도시를 전체 사회가 아니라 특정 집단의 가치나 의미가 깃든 것으로 해석했다. 그에 반해 멈포드(Lewis Mumford)는 인간의 정신이 도시 속에서 형성되고 도시는 그 안에서 살아가는 정신을 구속한다고 보았다(새비지, 1996: 162-164). 이들의 생각을 빌려 아바나를 표현하자면 특정집단의 사회적 · 문화적 가치가 반영된 도시가 아바나에 거주하는 사람의 정신에 영향을 미치고 있다고 말할 수 있다. 특정 집단의 가치로 형성된 공간이 그 안의 사람들의 생각에 지배적인 영향을 미치는 것이다. 르페브르의 지적처럼 공간은 경제적으로는 자본에 의해, 사회적으로는 부르주아 계급에 의해, 정치적으로는 국가에 의해 지배되는 것처럼 보인다(노대명, 2000: 52).

르페브르는 특정 공간 속의 행위는 공간 자체에 의해 영향을 받으며, 공간은 그 위에서 일어나는 행위를 '결정'한다고 주장했다(Lefebvre, 1991: 143). 그렇다면 경제적 가치가 지배적인 공간에서 그 안의 거주민은 어떻게 적응해 나갈 수 있을까. 자본이 우선되는 도시에서 일상이라는 비경제적 놀이가 삶의 중심에서 배제될 수 있다는 르페브르의 우려는 분명 자본주의적 공간 생산과 소비 중심의 관광이 증가하는 아바나에도 적용된다. 1990년대 이후 외국인 투자와 관광객의 유치라는 쿠바의 정책 기조로 인해 자본주의적 영향은 사회주의 국가 쿠바의 수도인 아바나에서 점점 더 명확해질 것이다. 자본주의 국가의 전략은 자본 축적의 위기를 극복하는 데 도시를 이용해 왔고, 신자유주의로 자본의 자유로운 이동을 얻은 자본주의적 공간 생산은 이제 국경이나 심지어 다른 체제의 경계를 넘고 있기 때문이다. 그리고 쿠바는 이 오래된 도시를 부양하기 위해 자본을 가져다 줄 관광객이 필요하기 때문이다. 문화유산 관광(Heritage tourism)은 '과거'를 경제적 자원으로 이용하는 것이고, 아바나와 같이 역사적인 장소는 쿠바가 국가의 정체성(identity)을 형성하도록 해주는 장소이면서 이데올로기를 구축하도록 해주는 장소이기도 하다. 이는 자본주의 앞에 선 아바나가 낯선 이유이기도 하다

르페브르는 장소가 구체적인 건축 형태와는 별도로 사회적이며 문화적인 과정을 통해 의미가 생긴다는 것을 강조한다. 경험된 공간과 인지된 공간, 그리고 상상된 공간의 관계에 관심을 가진 그는 자본주의적 세계시장에 종속하면서 공간이 상품으로서 도구적으로 이용된다는 인식하에 도시 의미의 사회적 구성에 대한 논의를 시작한다(새비지, 1996: 166-167). 르페브르는 소비사회의 경제적 이데올로기 속에서도 일상의 공간 탈환이 가능하다고 주장한다. 공간은 육체와 삶이 있는 인간이 살기 위해 생산되는 것이고, 공간을 '생산하는' 주체와 과정, 결과물이 변증법 관계에 있다고 주장한다. 그렇다면 '합리적', '경제적'으로 포장된 계획을 넘어서 자본의 무한한 공간 복사(copy)를 넘어설 힘은 여전히 아바나의 내부에 존재할지도 모른다. 아바나는 이미 자본주의적이고 근대식으로 진화해온 도시들이 도저히 복제할 수 없는 공간이기 때문이다.

오래된 도시들이 그러하듯이 구 아바나 등 아바나 도처에서 볼 수 있는 건물의 낡은 흔적은 이곳을 여행하는 사람들에게 과거의 한순간을 느끼게 하는 마술적 힘이 있다. 인간의 퇴화한 마술적 교감을 불러일으켜 과거의

일회성과 현재의 일상성을 교차하는 순간을 가져다준다. 아바나의 중앙공원에서 시작하여 오비스뽀 거리와 아르마스 광장으로, 성당 광장에서 구광장으로 오래된 도시의 길은 사방으로 열려 전개된다. 그 공간 위에 역사적 순간과 경험들이 파편적으로나마 섬광처럼, 잃었던 기억처럼 다가온다. 좁은 까예는 도시 방벽을 넘어 더 큰 길인 깔사다스로 이어졌고 설탕으로 이룬 부를 자신의 주택과 거리에 치장한 그 시대의 끄리오요들이 지나간다. 그리고 노예의 삶을 산 많은 이의 모습이 순간의 빛처럼 흩어진다.

있어도 부수고 짓는 탐욕과, 있는 것도 누리지 못하는 어리석음은 멈출 수가 없었다. 찾고자 떠났지만 이미 오래전부터 갖고 있었음을 알 때가 오면 그때는 과거의 것을 꺼내어 색 얹고 입혀서 남김없이 누리려니, 과거의 삶이 도시에 남기 바라는 이방인의 바람은 낡은 집에서 매일 몸을 뉘어야 하는 그들에게는 이기적이다. 삶이 곧 사라져 가는 것임을 고작 100년이 된 집에 사는 그들은 알기에, 도시는 화려함도 웅장함도 아닌 그저 많은 생각과 감정과 오가는 일상만이 있다. 남루하나 찬란한 벽, 창문에 걸린 빨래는 수줍게 때로는 대담하게 바람 따라 춤춘다. 그들의 열정에 취하다가, 망연 속에 빨려들다가, 이방인의 그림자는 기웃거린다. 단순하나 세련된 움직임, 보잘것없으나 더할 것 없는 삶, 바래었으나 더 아름다울 수 없는 도시, 소소하나 마술적이고, 낮으나 멀리 보인다. 평온한 듯 곰작대고, 조금 다르나 궁금해지는 도시.

방문자는 아바나 도시가 주는 '경험'과 '역사'를 통해 복잡하고 다중적인 감정을 느낄지도 모른다. 벤야민은 도시는 재생산될 수 없다는 점에서 유일무이한 현존성이 있다고 생각했다(마이크 크랭 외, 2013: 89). 특히 오래된 도시에는 그 역사만큼이나 다양한 문화·역사·종교적 양식이 마치 그 장소에 박제된 화석처럼 새겨져 있다. 특정 건물은 복제할 수도 있지만 도시 전체를 복제할 수는 없다. 변천해 온 과정에서 부서진 건물조차도 흔적을 남기며 파괴의 증거를 보이면서도 공간적으로 독창적이어서 재생산될 수 없고, 각각의 아우라를 지닌 채 시간을 따라 전개된다(새비지, 1996: 174-175). 여행자는 지나간 시대의 자취가 수많은 형태로 한순간에 펼쳐지지만 재현된 그 순간이 동시에 과거가 되는 '먼 것의 일회적 현상'을 경험한다(마이크 크랭 외, 2013: 70-82).

아바나에 영향을 끼친 역사적 사건

시기	사건
1511	쿠바 탐험. 디에고 데 벨라스께스(Diego de Velázquez)는 쿠바 바라꼬아(Baracoa)에서 부터 군사적 목적으로 탐험 시작.
1514	스페인 군인들이 쿠바의 서부 지역으로 이동하면서 마을(Villas) 만들기 시작.
1519	1514년경에 쿠바 남부 해안에 산 끄리스또발 데 라 아바나(San Cristobal de la Habana)가 건설되었으나 더 적당한 곳을 찾아 도시를 이동, 지금의 아바나 만에 도시 건설.
1526	스페인과 포르투갈 식민지로부터 흑인 노예가 유입된 해.
1533	스페인 총독 거주.
1555	프랑스 해적 자크 드 소르어(Jaques de Sores)가 이끈 해적이 아바나에 들어와 약탈하고 화재를 냄.
1556	세군도 자료에 의하면 아바나는 구대륙과 신대륙을 연결하는 중요한 환적지로 부상.
1558-1577	까스띠요 데 라 레알 푸에르사 구축.
1559	지금의 구광장이 현재 위치에 들어섬.
1561	스페인이 아메리카에 있는 식민지와 대서양 건너 자국을 연결하기 위해 호송 선단 체계인 플로따를 구축하고 약 200년간 운영.
1565-1592	아바나의 첫 번째 수도관인 산하 레알(Zanja Real) 건설.
1573	스페인이 식민지 통치를 위한 법인 '인디아스 법' 제정.
1574	아바나 총독이었던 알론소 데 까세레스가 도시의 운영을 위해 만든 까세레스 규정 (Cáceres Ordinances) 제정.
1575	지금의 산 프란시스꼬 광장(Plaza de San Francisco de Asís) 입지. 아바나 항구 인근에 있는 이 지역의 토양 배수가 가능해지면서 광장으로 이용되기 시작.
1576년경	아바나 지역에서 화재에 취약한 야자로 만든 초가지붕 금지.
1589-1630	아바나 만에 뜨레스 레예스 델 모로(Tres Reyes del Morro) 구축.
1603	끄리스또발 데 로다(Cristóbal de Roda)가 아바나를 봉쇄하는 벽이 둘러진 첫 도시계획 윤곽을 그림. 아바나에 처음으로 통행로 정비.
1607	쿠바를 비롯해 현재 플로리다 지역과 과테말라, 뿌에르또리꼬, 멕시코의 유카탄 반도 지역을 묶어 쿠바 총독령(Capitanía General de Cuba)으로 정비하고 아바나에 총독부를 둠.
1656	쿠바에 들어온 예수회. 건축 양식에서 바로크 양식 도입의 계기.

시기	사건
1674	아바나의 경계였던 도시 방벽(Muralla de la Habana, Wall of City)을 짓기 시작. 120여 년에 걸쳐 건설하여 1797년에 완성.
1717	쿠바의 첫 담배 공장(Real Factoria de Tabacos) 설립.
1722	산티아고 데 쿠바(Santiago de Cuba)에 산 바실리오 마그노 신학교(Seminario de San Basilio Mangno) 설립.
1724	아바나에 병기고(Real Arsenal) 건설.
1728	아바나대학교의 전신인 산 헤로니모대학교(University College of San Gerónimo) 설립.
1739	산 프란시스꼬(San Francisco de Asis) 성당과 수도원 건설. 그 앞광장 이름을 성당 이름을 본따서 산 프란시스꼬 광장으로 명명.
1740	1740년에서 1762년까지 쿠바의 통상 독점 기관 아바나 왕립 상업 회사(Real Compañia de Comercio de La Habana) 설립.
1740년대	스페인령의 가장 크고 활발한 조선소가 아바나에 있었고 신대륙에서 유일한 건선거(Dry dock)가 존재.
1750년대	아바나 인구 7만 명 거주.
1761	아바나 태생의 시장이자 쿠바 최초의 역사가 호세 마르띤 펠릭스 데 아라떼(José Martín Félix de Arrate)가 『새로운 세계로 들어가는 열쇠. 서인도의 요새(Llave del Nuevo Mundo. Antermural de las Indias Occidentales)』 출판
1756-1763	7년 전쟁.
1762	약 1년간 아바나를 잠시 점령했던 영국 해군 퇴각.
1771-1776	아바나 만 서쪽에 산책길인 알라메다 데 빠울라 조성.
1772	빨라시오 델 세군도 까보(Palacio del Segundo Cabo) 짓기 시작. 도시 방벽 바깥쪽 대로인 알라메다 이사벨 II가 만들어짐. 이 대로의 이름은 후에 빠세오 델 쁘라도로 불림.
1776	쿠바 '세계의 설탕 그릇(world's sugar bowl)'으로 성장. 스페인의 '스페인과 인디아스 사이의 자유무역 규정'. 쿠바에 파견된 총독의 공관이자 집무실이었던 빨라시오 데 로스 까삐따네스 헤네랄레스(Palacio de los Capitanes Generales) 건설 시작하여 1792년 완공.
1790-1860년대	흑인 노동력 72만 명 유입. 설탕 산업을 장악한 쿠바의 끄리오요들이 흑인 노동력 착취.
1797	도시 방벽 완성.
1790년대	노예 기반 수출 중심 플랜테이션 경제. 민간 저택과 도시의 건조 환경에 반영.
1800년대	카리브 지역과 북미 사이에 무역 증가. 아바나는 카리브해의 파리(Paris of the Antilles)라고 불릴 정도로 발전.
1800	독일 지리학자 알렉산더 폰 훔볼트, 아바나 도착.

시기	사건
1812	스페인 '까디스 헌법'이 쿠바 도착.
1817-1819	안또니오 마리아 데 라 또레(Antonio Maria de la Torre)는 아바나 확장 계획인 쁠란 데 엔산체(Plan de Ensanche) 작성.
1821	쿠바를 서부(Occidental), 중부(Central) 그리고 동부(Oriental)로 나눔.
1828	아바나의 신고전주의 건축 시작으로 평가받는 엘 뗌쁠레떼 건축.
1833	콜레라 유행으로 아바나에서 8,315명 사망.
1834-1838	미겔 데 따꼰(Miguel de Tacón)은 총독 재임 시기에 많은 공공사업을 통해 아바나 치장. 이는 사탕수수 무역에서 나온 재정적 뒷받침 덕분에 가능.
1836	도시 방벽의 세 성벽 문 중 뿌에르따 데 몬세라떼(Puerta de Monserrate) 개방 결정. 성 세실리아 음악협회(la Sociedad Musical Santa Cecilia) 만듦. 해안선과 평행한 두 개의 주요 도로인 산하(Zanja)와 아베니다 살바도르 아옌데(Avenida Salvador Allende, 현재의 카를로스 3세 아베니다(Avenida de Carlos III)) 건설.
1837	최초의 역인 비야누에바(Villanueva) 개관. 아바나- 베후칼 구간(51킬로미터)의 철도 건설. 첫 철도 놓인 후 15년 동안 9개의 철도 회사 설립. 1851년까지 총 558킬로미터의 철로 건설.
1838	떼아뜨로 따꼰(teatro Tacón) 건설.
1843	마딴사스(Matanzas)에서 노예들 봉기.
1845	아바나에 가스 공급으로 가스등(public gas lighting) 설치.
1847	설탕 산업과 철도 공사를 위해 계약된 600명의 중국인 쿠바 도착.
1855	아바나 시에 대한 규정(Municipal Ordinances)과 1861년 만들어진 규정(Construction Ordinances)이 아바나와 기타 지역에 적용. 오늘날 도시 윤곽을 만듦.
1858	'금지된 구역'을 의미하던 베다도(El Vedado)에 대한 접근 제한 없어짐. 해풍이 잘 통할 수 있도록 북서-남동 방향으로 파리지앵 스타일(Parisian-style)의 넓은 가로길 승인됨.
1863	도시 방벽이 무너지고 도시가 더욱 확장.
1820-1860	노예 제도로 유지되는 플랜테이션 사업과 설탕 농산품 가공업이 절정. 1865년 미국 남북전쟁에서 남부 연합이 패배하여 노예를 이용한 플랜테이션 농업이 쿠바로 이주.
1868-1878	10년 전쟁(guerra de los diez años) 발발.
1871-1886	이전에 농장이었던 토지 위에 아바나 꼴론 공동 묘지 조성.
1879	아바나에 전화선 공급.
1886	미국 노예제 폐지로 플랜테이션 농업을 하던 많은 미국 농장주가 쿠바로 이동했음.
1880-1895	쿠바 국부인 호세 마르띠(1853년 출생)의 주요 활동 기간.

시기	사건
1889	아바나에 전기로 공급되는 가로등 공급.
1892	쿠바 혁명당(Partido Revolucionario Cubano) 창설.
1895	제2차 독립전쟁 시작.
1898	스페인-미국 전쟁 발발. 미국은 전쟁 승리 후 스페인의 점령지였던 쿠바, 뿌에르또리꼬, 필리핀 점령. 12월 10일, 쿠바 독립. 그러나 미국 보호령 시작.
1899	미국의 자본이 쿠바의 담배 사업에 들어옴. 미국 담배 회사의 자회사인 미국 시가 회사(American Cigar Company) 토대 구축.
1901	아바나에 트램(Trams) 대중교통 수단 도입. 말레꼰 프로젝트 시작, 1959년 6월 3일 공사가 끝남.
1902	쿠바공화국. 미국의 군정 종료.
1902-1959	공화국 시기.
1902-1930	수천 명의 스페인 사람이 쿠바로 이민.
1906. 9	쿠바 초대 대통령 또마스 에스뜨라다 빨마(Tomás Estrada Palma) 퇴진. 미국이 다시 쿠바에 개입.
1906-1909	미국 군대가 쿠바를 두 번째 점령.
1909	쿠바공화국 복원.
1912-1920	중앙철도역(1912)과 혁명박물관(1920) 건설.
1925-1930	파리 도시계획가 장끌로드 니콜라스 포르스티에, 빠세오 데 쁘라도(Paseo del Prado), 빠르께 센뜨랄(Parque Central), 대통령궁, 까비똘리오 등 건축.
1920-1930	아바나 해안을 따라 있던 기존 식민 건축물을 대체하는 프로젝트. 미 육군 공병이 말레꼰 대로 건설. 해안가에 4차선 차로 구축.
1934-1940	정치적 불안정. 미국의 간섭이 절정.
1950년대	아바나의 낮은 스카이라인에서 변화가 생김. 베다도 지역에 아바나 리브레(1958). 라 람빠 극장(1955), 호텔 리비에라(Hotel Riviera) 등 등장.
1958	아바나 만에 터널 건설. 아바나 만 동쪽으로 접근이 용이해지고 도시가 확장됨.
1959	쿠바 혁명. 혁명 이후 피델 카스트로(Fidel Castro, 1926-2016)는 인구와 부의 국가 균형 분배를 위한 조치 실시. 특히 농촌과 지방 도시 발전을 우선시한 결과 아바나 도시의 구조와 건축물은 그대로 유지.
1961	쿠바에 남은 이민자들 재산 몰수 법률 제정. 과거 저택을 몰수하여 다세대 거주하도록 공급.

시기	사건
1981	쿠바 정부는 역사중심지역(Centro Histórico)에 재정적 지원.
	국가 5개년 계획(Centro Histórico)에 역사중심지구에 대한 계획 포함.
1982	유네스코 세계문화유산 지정. 식민 시기의 요새를 포함 도시 방벽 내 143헥타르의 구 중심지역과 19세기에 확장된 인근 지역.
1990	특별 시기(Special Period).
	동부 유럽과 소련 사회주의가 붕괴되면서 쿠바의 경제적 위기.
1993	국가평의회(Consejo de Estado)는 역사사무소(OHCH)에 아바나 도시 자체 재원 마련을 위해 활동할 수 있는 토대 마련.
	역사중심지구에서 숙박업, 식당, 카페 등을 운영하면서 얻은 수입에 대해 이 지역 유물의 복원을 위한 재원 사용 허가.

구경모 외(2015), 『여러 겹의 시간을 만나다』, 산지니 출판사.

김기현(2016), 「쿠바의 지정학적 가치와 한국의 실리」, 『트랜스라틴』, 30, pp. 33-41.

김희순(2014), 「스페인 식민제국 형성기 도시의 역할 고찰―16세기 누에바 에스파냐 부왕령을 중심으로」, 『한국도시지리학회지』, 17(1), pp. 139-156.

김희순(2016), 「스페인의 식민지배 거점으로서 아바나의 형성과 성장」, 『한국도시지리학회지』, 19(3), pp. 113-129.

노대명(2000), 「앙리 르페브르의 '공간생산이론'에 대한 고찰」, 『공간과 사회』, 14, pp. 36-62.

마르크 페로(편)(2008), 고선일 옮김, 『식민주의 흑서』(상권: 16-21세기 말살에서 참회로), 소나무.

마이크 새비지 · 알랜 와드(1996), 김왕배 · 박세훈 옮김, 『자본주의 도시와 근대성』, 한울아카데미.

마이크 크랭 · 나이절 스리프트 엮음(2013), 최병두 옮김, 『공간적 사유』, 부산대학교 한국민족문화연구소.

박구병(2012), 「아메리카노의 독립투쟁과 에스파냐의 자유주의의 변화 1808-1823」, 『서양사론』, 112, pp. 295-319.

설혜심(2015), 「미시사연구의 이론과 동향」, 『의사학』, 24(2), pp. 325-354.

신정환(2004), 「이종 혼합문화의 살아 있는 박물관, 아바나(La Habana)」, 『국토』, 272, pp. 70-76.

심복기 · 유재득(2013), 「이슬람 건축 장식의 특징에 관한 연구」, 대한건축학회 논문집 『계획계』, 29(12), pp. 189-196.

윤미애(1999), 「벤야민의 〈아우라〉 이론에 관한 연구」, 『獨逸文學(Dogil munhak)』, 71(1), pp. 397-408.

이연경(2014), 「근대적 도시가로환경의 형성―1896년-1939년 종로 1, 2가의 변화를 중심으로」, 『도시연구』, 11, pp. 9-10.

이영효 편저(2017), 『사료로 읽는 서양사 4: 근대편 2—계몽주의에서 산업혁명까지』, 책과함께.

장수환 외(2016), 『한-쿠바 기후환경 협력』, 한국외대 지식출판원, pp. 79-112.

장수환 외(2017), 「아바나 열환경 평가와 건축요소 변화」, 『중남미연구』, 36(2), pp. 213-241.

장수환(2020a), 「구 아바나를 중심으로 본 도시 격자와 거리체계 변화」, 『이베로아메리카연구』, 31(1),
    pp. 115-141(133-134).

장수환(2020b), 「까사 델 알페레스 프란시스꼬 델 삐꼬(Casa del Alferez Francisco del Pico)로 본 주택
    의 지속성」, 『이베로아메리카연구』, 31(3), pp. 1-26.

장수환(2022), 「18세기 후반 20세기 초, 쿠바에서 나타난 설탕산업 확대와 자연경관변화, 『이베로아
    메리카연구』, 33(2), pp. 83-108.

전남일 · 손세관 · 양세화 · 홍형옥(2008), 『한국주거의 사회사』, 돌베개.

정재호(2004), 「쿠바와 푸에르토리코의 식민지 경험과 탈식민지 독립운동에 대한 비교」, 『라틴아메리
    카연구』 17(3), pp. 69-99.

조지프 L. 스카이시, 아르만도 H. 포르텔라(2017), 이영민 외 옮김, 『쿠바의 경관』, 푸른길.

진 빈센트(1990), 조선미 옮김, 『미술의 이해』, 이화여자대학교.

차경미(2010), 「라틴아메리카의 식민도시계획의 기원과 형성」, 『중남미연구』, 29(1).

호세 안토니오 팔마 · 서희석(2015), 『유럽의 첫 번째 태양, 스페인』, 을유문화사.

황광선, 염지선(2019), 「지속가능한 도시의 유형과 속성 및 문화적 요소의 발견」, 『지방행정연구』,
    33(4), pp. 283-314.

한서린(2012), 「워즈워스와 아이티 혁명: 계몽적 보편주의의 재구성」, 『19세기 영어권문학』, 16(2),
    pp. 141-167.

Algeciras, Jose Abel Rodriguea et al.(2016), "Spatial-temporal study on the effects of urban street con-
    figurations on human thermal comfort in the world heritage city of Camaguey-Cuba", *Building and
    Environment*, Vol. 101, 15 May 2016, pp. 85-101.

Azizi, Mohamad, Mehdi, Arasteh, Mojtaba(2011), "Explanation of structural density urban sprawl based on
    a case study in Yazd", *Journal of city identity*, No. 8, pp. 5-15.

Bergad, Laird W.(1989), "The Economic Viability of Sugar Production Based on Slave Labor in Cuba,
    1859-1878", *Latin American Research Review*, Vol. 24, No. 1, pp. 95-113.

Boyer, Helen M.(1939), "Distribution of Sugar Cane Production in Cuba", *Economic Geography*, Vol. 15,
    No. 3, pp. 311-325.

Clark, Kenneth N. et al.(1995), "The Geography of Power in South America: Divergent Patterns of Domi-
    nation in Spanish and Portuguese Colonies", *ACSA EUROPEAN CONFERENCE*, pp. 111-116.

Colantonio, Andrea & Potter, Robert B.(2006), "The rise of urban tourism in Havana since 1989", *Geogra-
    phy*, 91(1), 23-33.

Couret, Dania Gonzalez et al.(2013), "Influence of architectural design on indoor environment in apartment buildings in Havana", *Renewable Energy*, Vol. 50, pp. 800-811.

Coyula Cowley, Mario and Hamberg, Jill(2003), "The case of Havana, Cuba, UNDERSTANDING SLUMS: Case Studies for the Global Report on Human Settlements 2003", *UN-HABITAT*, London: University College London.

Cubanet(2012), "Muchos edificios de La Habana se han dañado para siempre", https://www.cubanet.org/noticias/muchos-edificios-de-la-habana-se-han-danado-para-siempre/

Currel, Alessandra & Roura, Helena Coch(2011), "Solar access in densely built urban environments", In: Magali Bodart, Arnaud Evrard(ed, 2011), *PLEA 2011-27th Conference on Passive and Low Energy Architecture*, Louvain-la-Neuve, Belgium, 13-15 July 2011, p. 237.

Currie, Laura Peñaranda(2012), "From Colonial Port to Post-Revolution: Urban Planning for 21st Century Havana", *Sustainable Development*, Vol. 8(1), pp. 50-69.

Curry-Machado, Jonathan(2010), "In Cane's shadow: The Impact of Commodity Plantations on local subsistence agriculture on Cuba's mid-nineteenth Century sugar Frontier", Commodities of Empire Working Papers 16. http://www.open.ac.uk/arts/ferguson-centre/commodities-of-empire/ working-papers/WP16.pdf

De la Fuente, Alejandro(1996), "Havana and the Fleet system: Trade and Growth in the Periphery of the Spanish Empire, 1550-1610", *Colonial Latin American Review*, Vol.5. No.1, pp. 95-115.

De la Peña González, Ana María & LI, Ramón Ramírez(2011), "Neighborhood-garden, A favorable answer in a warm, humid climate", *PLEA 2011-27th Conference on Passive and Low Energy Architecture*, Louvain-la-Neuve, Belgium(2011. 07. 13-15).

Edge, K. et al.(2006), "Mapping and designing Havana: Republican, socialist and global spaces", *Cities*, Vol. 23, No. 2, pp. 85-98.

Estrada, Alfredo José(2007), *Havana: Autobiography of a City*, New York: St. Martin's Press, p. 100.

Foot, John(2007), "Micro-history of a House: Memory and Place in a Milanese Neighbourhood, 1890-2000", *Urban History*, Vol. 34, No. 3, pp. 431-452.

Franco, Marco Paulo Vianna(2018), "An Appraisal of Environmental Microhistory: Epistemological and Historiographical Insights", *Journal of Social, Technological and Environmental Science*, Vol. 7, No. 3, set.-dez, pp. 262-274.

Garcia, Guadalupe(2015), *Beyond the Walled City: Colonial Exclusion in Havana*, Oakland: University of California Press.

Hansen, Miriam Bratu(2008), *Critical Inquiry*, Vol. 34, No. 2(Winter 2008), pp. 340-344.

Hanson, Julienne(2000), "Urban transformations: a history of design ideas", *URBAN DESIGN International*, No. 5, pp. 97-122.

Hernández, Julio César Pérez(2008), "Rethinking the Spirit of Place: The Magic and Poetry of Havana", In 16th ICOMOS General Assembly and International Symposium: 'Finding the spirit of place-between the tangible and the intangible', 29 sept-4 oct 2008, Quebec, Canada, pp. 1-10.

Hernández, Julio César Pérez(2011), "A Vision for the Future of Havana", *Journal of Biourbanism* I, No. 1, pp. 93-102.

Hitchman, J.H.(1971), "The Economy of Cuba", In Leonard Wood and Cuban Independence, 1898-1902, Springer, Dordrecht. https://doi.org/10.1007/978-94-015-0749-3_4

Hoernel, Robert B.(1976), "Sugar and Social Change in Oriente, Cuba, 1898-1946", J. Lat. Amer. Stud. 8, 2, pp. 215-249.

Hua, L. J., Ma, Z. G., and Guo W. D.(2008), "The impact of urbanization on air temperature across China", *Theoretical and Applied Climatology*, Vol. 93, Issue 3, pp. 179-194.

Humboldt, Alexander von(2012), Rowan, Andrew Summers trans., *The Island of Cuba*, Charleston SC: Nabu Press.

Johnson, S.(1997), "La Guerra Contra los Habitanes de los Arrabales: Changing Patterns of Land Use and Land Tenancy in and around Havana, 1763-1800", *The Hispanic American Historical Reviews,* 77(2), pp. 181-209.

Knight, Franklin W.(1977), "Origins of Wealth and the Sugar Revolution in Cuba, 1750-1850", *The Hispanic American Historical Review*, Vol. 57, No. 2, pp. 231-253.

Knight, Franklin W.(1991), "BOOK REVIEW," *Hispanic American Historical Review*, 71(4), p. 897. https://doi.org/10.1215/00182168-71.4.897

Kuethe, Allan J. and Inglis, G. Douglas(1985), "Absolutism and Enlightened Reform: Charles III, the Establishment of the Alcabala, and Commercial Reorganization in Cuba", *Past & Present* No. 109(Nov., 1985), pp. 118-143.

La Gasse, L.C. et al., *Coastal protection Malecón seawall*, November 12, 2015,

Lefebvre, H.(1991), *Production of Space*, Nicholson-Smith, D.(trans.) Oxford: Blackwell.

Manuel, Barcia(2007), "Sugar, slavery and bourgeoisie: the emergence of the Cuban sugar industry", In: Ulbe Bosma, Juan A. Giusti-Cordero, G. Roger Knight(eds.), *Sugarlandia Revisited: Sugar and Colonialism in Asia and the Americas, 1800-1940*, New York: Berghahn Books.

McCollum, Justin(2011), "A Brief Historiography of U.S. Hegemony in the Cuban Sugar Industry", *Forum: The Journal of Planning Practice and Education*, (2011. 04. 01), pp. 3-13.

McNeill, John Robert(2010), *Mosquito empires: Ecology and war in the Greater Caribbean, 1620-1914*, New York: Cambridge University Press.

Mesa-Lago & Perez-Lopez, J.(2013), *Cuba Under Raul Castro: Assessing the Reforms*, Boulder: Lynne Rienner Publishers, Inc.

Monzote, Reinaldo Funes(2005), "Azúcar, deforestación y paisajes agroindustriales en Cuba, 1815-1926", *VARIA HISTORIA*, No. 33, pp. 105-128.

Monzote, Reinaldo Funes(2009), *From Rainforest to Cane Filed in Cuba: An Environment History since 1492*, Chapel Hill: The University of North Carolina Press.

Niell, Paul Barrett(2008), "'Bajo su sombra': The Narration and Reception of Colonial Urban Space in Early Nineteenth-Century Havana, Cuba", University of New Mexico, in: https://digitalrepository.unm.edu/arth_etds/2

Nieves, M. et al.(1988), "Urbanismo y Régimen Térmico", Arquitectura y Urbanismo, No 3, pp. 8-12.

OHCH(2011a), Pedi Plan Especial de Desarrollo Integral, Habana: Oficina del Historiador de la Ciudad de La Habana

OHCH(2011b), Regulaciones Capítulo 1, Descripción Del Centro Histórico de la Ciudad de la Habana, Habana: Oficina del Historiador de la Ciudad de La Habana.

OHCH(2011c), Cuadernos de cultura urbana Regulaciones Urbanisticas Vol. 1, Habana: Oficina del Historiador de la Ciudad de La Habana.

OHCH(2011d), La Plaza Vieja de la Habana, Habana: Oficina del Historiador de la Ciudad de La Habana.

OHCH(2013a), Estrategia Ambiental Zona Priorizada para Conservación, Habana: Oficina del Historiador de la Ciudad de La Habana.

OHCH(2013b), El Maecón Traditional de la Habana.

Polo, David Alfonso Arias(2015), Ciudad importada modelo de ciudad orgánica en américa, SXVI, Tesina previa a la obtención del título oficial de master en arguitectura, enería y medio ambiente(muAEMA), Universidad politécnica de cataluña.

Portuondo, María M.(2003), "Plantation Factories: Science and Technology in Late-Eighteenth-Century Cuba", Technology and Culture, Vol. 44, No. 2, pp. 231-257.

Ricardo, Mestre(2021), "Cuban Sugar", https://storymaps.arcgis.com/stories/88ab2d1a81e0456c8d9720cd1db9e443

Rodriguez, Roberto B.(2009), "The law of Indies as a foundation of urban design in the Americas", ARCC 2009-Leadership in Architectural Research, between academia and the profession, San Antonio, TX, 15-18. in: file:///C:/Users/LG/Documents/Downloads/151-Article%20Text-452-1-10-20130830.pdf

Sánchez, Zenaida Iglesias(2016), "Edificio de la calle Amargura No. 56, entre Mercaderes y San Ignacio", Habana Radio.

Santamarina, Juan Carlos(2001), "The Cuba company and eastern Cuba's economic development, 1900-1959", Essays in Economic & Business History, Vol. 19, No. 1, pp. 75-90.

Savage, Mike(1995), "Walter Benjamin's Urban Thought: A Critical Analysis", Environment and Planning D:Society and Space, vol. 13, no. 2, pp. 201-216.

Scarpaci, Joseph L. & Segre, Roberto & Coyula Cowley, Mario(2002), Havana: Two Faces of the Antillean Metropolis, Chapel Hill and London: University of North Carolina Press.

Scarpaci, Joseph L. & Coyula Cowley, Mario(2009), "Urban sustainability, built heritage, and globalization in the Cuban capital", Human settlement development, vol. 1, pp. 98-104.

Smith, Mark(1995), "The Political Economy of Sugar Production and the Environment of Eastern Cuba,

1898-1923", *Environmental History Review*, Vol. 19, No. 4, pp. 31-48.

Sosa, María Belén et al.(2017), "Urban grid forms as a strategy for reducing heat island effects in arid cities", *Sustainable Cities and Society*, No. 32, pp. 547-556.

Tablada, A.(2006), "Shape of new residential building in the Historical Center of Old Havana to Favour Natural Ventilation and Thermal Comport", Thesis for the degree Doctor, Architectural Sciences in the Faculty of Engineering, Katholieke Universiteit Leuven.

_____(2009), "On Natural Ventilation and Thermal Comfort in Compact Urban Environments", *Building and Environment*, Vol. 44, Issue 9, pp. 1943-1958.

Taylor Jr., H. L., & McGlynn, L.(2009), "International Tourism in Cuba: Can Capitalism Be used to Save Socialism?", *Futures*(41), pp. 405-413.

Ulbe, Bosma & Curry-Machado, Jonathan(2012), "Two Islands, One Commodity: Cuba, Java, and the Global Sugar Trade(1790-1930)", *New West Indian Guide*, Vol. 86, No. 3-4, pp. 237-262.

Warren, James(2015), "Developing an equitable and sustainable mobility stratege for Havana", *Cities*, No. 45, pp. 133-141.

Whitfield, Esther Katheryn et al.(2008), *Cuban Currency: The Dollar and 'special Period' Fiction*, Minnesota: University of Minnesota Press.

Zanetti, O. & Garcia, A.(1998), *Sugar and Railroads, A Cuban History, 1837-1959*, Chapel Hill: University of North Carolina Press.

현지 방문 자료

쿠바 아바나 세군도 까보(Palacio del Segundo Cabo)
스페인 까디스 박물관(Museo de Cádiz)
스페인 세비야 인디아스 기록보관소(Archivo General de Indias)

인터넷 자료

http://www.andalucia.com/art/architecture/mudejar-romanesque.htm
https://www.cubanet.org
http://digitalrepository.unm.edu/arth_etds/2
https://www.ecured.cu/Hotel_Raquel
https://www.ecured.cu/Casa_de_la_Obra_P%C3%ADa
https://www.ecured.cu/Casa_del_Conde_de_Casa_Bayona
https://www.ecured.cu/Casa_del_Marqu%C3%A9s_de_Aguas_Claras

https://en.wikipedia.org/wiki/Alameda

https://en.wikipedia.org/wiki/Plaza_Vieja,_Havana

https://gsp.yale.edu/case-studies/colonial-genocides-project/hispaniola

http://www.habanaradio.cu/articulos/edificio-de-la-calle-amargura-no-56-entre-mercaderes-y-san-igna-cio/

https://havanaspecialperiod.wordpress.comhistorycolonial-era

https://www.jstor.org/stable/650612?seq=1#page_scan_tab_contents

http://www.lahabana.com/guide/calle-obispo/

http://www.lahabana.com/guide/6112/

http://www.lahabana.com/guide/castillo-de-san-salvador-de-la-punta/

http://www.lahabana.com/guide/manzana-de-gomez/

http://www.lahabana.com/guide/havana-guide-home/places-in-havana/places-in-old-havana/

http://www.lahabana.com/guide/the-malecon/

http://www.lahabana.com/guide/raquel/

http://www.lahabana.com/guide/castillo-de-san-salvador-de-la-punta/

http://www.lahabana.com/guide/catedral-de-la-habana/

https://www.lahabana.com/guide/wp-content/uploads/2013/12/Yadira-Montero-Plaza-de-La-Cate-dral-2.jpg

http://www.lahabana.com/guide/the-malecon/

http://www.lahabana.com/guide/necropolis-de-cristobal-colon/

http://www.lahabana.com/guide/basilica-menor-y-convento-de-san-francisco-de-asis/

http://www.lahabana.com/guide/museo-casa-de-la-obra-pia-casa-de-don-martin-calvo-de-la-puerta-y-arrieta/

http://www.lahabana.com/guide/plaza-de-san-francisco-2/

http://www.lahabana.com/guide/manzana-de-gomez/

http://www.lahabana.com/guide/iglesia-de-san-francisco-de-paula/

http://www.lahabana.com/guide/plaza-de-armas/

https://norfipc.com/cuba/el-cementerio-necropolis-colon-habana.php

http://www.planmaestro.ohc.cu/recursos/papel/documentos/regulaciones.pdf

https://www.pinterest.se/pin/608619337112969731/

https://www.spanish-art.org/spanish-architecture-historicism.html

https://www.spain.info/en/que-quieres/arte/monumentos/sevilla/la_giralda.html

https://www.spanishincadiz.com/en/cadiz/history-cadiz

https://themuseumoftourism.org/el-malecon-de-la-habana-8-km-de-historia-y-curiosidad/

https://www.visitarcuba.org/Images/Vistas-Fortaleza-San-Carlos-de-la-Cabana.jpg

부엔비비르 총서 01

아바나 연대기

1판 1쇄 발행 2023년 1월 31일

지은이 장수환

디자인 김서이
펴낸이 조영남
펴낸곳 알렙

출판등록 2009년 11월 19일 제313-2010-132호
주소 경기도 고양시 일산서구 중앙로 1455 대우시티프라자 715호
전자우편 alephbook@naver.com
전화 031-913-2018   **팩스** 02-913-2019

ISBN 979-11-89333-55-3 93900

이 책은 2019년 대한민국 교육부와 한국연구재단의 지원을 받아 연구되었음
(NRF-2019S1A6A3A02058027).